평화는 처음이라

처음이라 3

평화는 처음이라

1판 1쇄 인쇄 2021년 3월 22일 | **1판 1쇄 발행** 2021년 4월 2일

지은이 이용석 | **펴낸이** 임중혁 | **펴낸곳** 빨간소금 | **등록** 2016년 11월 21일(제2016-000036호)

주소 (01021) 서울시 강북구 삼각산로 47, 나동 402호 | **전화** 02-916-4038

팩스 0505-320-4038 | **전자우편** redsaltbooks@gmail.com

ISBN 979-11-91383-02-7(03300)

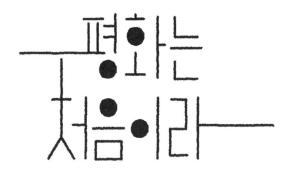

평화는 처음이라

이용석 지음

빨간소금

평화에게 기회를

종이를 한 장 준비해봅시다. 종이가 없으면 스마트폰 메모장을 열어도 좋습니다. 이제 초시계를 꺼내거나 스톱워치 앱을 켭니다. 시간을 재면서 머릿속에 떠오르는 전쟁 열 개를 적어봅니다. 시간이 얼마나 걸렸나요? 이번에는 똑같은 방법으로 시간을 측정하면서 전쟁을 막거나 중단시키기 위한 노력들, 평화운동들을 써봅니다. 시간이 얼마나 걸렸나요? 아마 대부분 전쟁 목록을 적어 내려가는 게 훨씬 쉬웠을 겁니다. 평화보다 전쟁에 더 가까운 사람이라고 자책할 필요 없습니다. 저또한 마찬가지입니다. 어쩌면 당연한 결과죠. 우리는 평화보다 전쟁에 대해 더 많이 배웠기 때문입니다.

물론 전쟁에 맞서기 위해서는 전쟁을 가르쳐야죠. 호랑이를 잡으려면 호랑이굴에 들어가야 하는 것처럼 말이에요. 그렇지만 우리 사회가 정말 평화를 위해서 전쟁을 말할까요? 한국 정부는 전쟁을 준비하고 군대를 훈련시키는 데 엄청난 돈과 자원을 쓰면서, 전쟁을 막거나 중단시키기 위한 일에는 아주 적은 돈과 자원을 씁니다. 우리나라만 그런 것은 아닙니다. 미국, 일본, 중국, 러시아, 북한 등 한반도와 주변국들은 물론이고 저 멀리 유럽, 중동, 아프리카, 남미 대륙의 국가들도 대량살상무기를 사고 군대를 훈련시키는 데 막대한 돈을 쏟아붓고 있습니다. 반면 전쟁의 원인을 제거하거나 전쟁을 중단시키기 위한 노력에는 상대적으로 적은 돈과 자원을 씁니다. 이렇게 전쟁을 막기 위한 노력보다 전쟁을 벌이기 위한 노력을 훨씬 더 기울이는 세계에서 어떻게 전쟁이 일어나지 않을 수 있겠습니까.

전쟁을 일으키는 사람은 소수의 호전적인 정치인과 고위 군인들입니다. 군수산업체처럼 전쟁으로 이득을 얻는 이들이 정치인과 군인들을 부추깁니다. 하지만 막상 전쟁이 일어나면 죽고 다치는 것은 평범한 사람들입니다. 그렇다면 정치인과 군인은 힘이 센 사람들이고, 전쟁으로 죽고 다치는 평범한 사람들은 힘이 약한 사람들일까요? 그렇지 않습니다. 평범한 사람들은 핵폭탄 단추도, 선전포고나 파병을 결정할 권한도 없지만, 전쟁을 막고 중단시키는 힘은 오히려 시민들에게서 나옵니다. 평범한 시민들의 힘이 전쟁을 막고 평화를 일구는 원동력입니다. 우리는 전쟁을 막고 중단시키기 위해, 평화를 위해 노력해야 합니다. 평화란 갈등이 없는 상태가 아니라 갈등을 정의롭게 풀어가는 과정입니다. 마치 인권이 하늘에서 뚝 떨어진 것이 아니라 인권의 목록과 영역을 확장하기 위해 무수한 사람들이 저항하고 싸웠던 것처럼, 평화 또한 우리의 노력과 저항으로 만들어가는 과정입니다.

저는 평화활동가입니다. 처음부터 평화주의자는 아니었습니다. 대학생 때 우연히 병역거부라는 것을 알게 되어 병역거부자가 되었고, 그러고 나니 평화에 대해 뭐라도 좀 알아야 할 것 같아서 그때부터 공부도 하고 진지하게 고민하기 시작했습니다. 제가 경험한 평화운동은 무척 재미있고 때로는 말로 형언할 수 없는 감동을 자아내지만 아주 대중적인 사회운동은 아닙니다. 평화운동이 주장하는 바와 그 활동을 조금이라도 접한 사람들은 평화운동의 매력에 공감해주는 경우가 많았지만, 소수의 활동가들이 만날 수 있는 사람의 숫자는 한정적이었습니다. 더 많은 사람과 함께 더 재밌고 신나게 평화운동을 하며 세상의 전쟁과 폭력을 중단시키고 싶다고 늘 생각했습니다. 이 책은 그동안 활동을 하면서 만난 사람들, 그리고 저 자신이 스스로에게 던진 질문에 답을 찾아가는 공부이자 여정입니다.

1부는 평화활동가들이 주로 받는 질문을 다뤘습니다. 이제 아홉 살, 여섯 살이 된 조카들이 몇 년 뒤에 읽을 수 있도록 최대한 친절하게 대답하려고 노력했습니다. 그렇지만 부족한 점도 있을 것입니다. 부족한 점은 평화활동을 하면서 계속 채워나가겠습니다.

2부는 전쟁이 일어나는 원인과 구조에 대한 나름의 생각을 정리했습니다. 저는 전쟁이 자연스러운 현상이 아니라고 생각하며, 우연히 일어난다고는 더더욱 생각하지 않습니다. 전쟁이 일어나고 유지될 수 있게 하는 무수한 기둥들이 전쟁을 떠받치고 있을 텐데 그중 대표적인 것 세 가지에 대해 이야기했습니다.

3부는 전쟁과 맞서고 평화를 일구기 위해 우리가 무엇을 어떻게 해야 하는지, 우리가 가진 힘은 무엇이고 어떻게 작동하는지를 다룹니다.

'쟁점'에서는 평화 이슈 가운데 사회에서 가장 민감한 병역제도를 들여다보았습니다. 민감한 이슈를 구성하는 다양한 층위를 간략하게 살펴보았습니다.

마지막으로는 이 책을 쓰면서 참고한 책들과 평화에 대해 공부하고 고민하고 싶은 사람들에게 도움이 될 만한 자료 목록을 정리했습니다. 이 자료들도 《평화는 처음이라》와 마찬가지로 정답을 주지는 않습니다. 평화를 고민할 때 필요한 시선과 관점, 상상력을 자극하는 책과 영화들입니다.

늘 많은 배움을 주고, 자극을 주고, 영감을 주는 전쟁없는 세상의 친구들, 동료 평화활동가들 덕분에 책을 쓸 수 있었습니다. 그리고 제가 병역거부를 하고 평화활동가로 살아갈 수 있는 바탕에는 부모님의 희생과 헌신이 있다는 것을 늘 잊지 않고 있습니다. 이 책을 쓰는 일도 저에게는 평화운동이었으니 이 책 또한 부모님의 삶에 기대어 있습니다. 서울시NPO지원센터의 활동가 연구 지원 사업 '활력향연'의 지원으로 만든 연구보고서 〈세상을 바꾸는 비폭력의 힘: 평화운동이 궁금한 시민들을 위한 안내서〉가 이 책의 바탕이 되었습니다.

또한 이 책은 더 많은 사람들에게 평화운동에 함께하자고 초대하는 초대장입니다. 빨간소금 출판사 임중혁 대표님의 제안 덕분에 이렇게 초대장을 발송할 수 있게 되었습니다. 제 초대장을 받아 들고서 망설이거나 선뜻 초대에 응할 마음이 생기지 않아도 괜찮습니다. 저는 제 생각이 완벽하다고 여기지 않습니다.

다시 말하지만 평화는 결과가 아니라 과정입니다. 폭력은 이분법으로 세상을 나누고 결과를 강요합니다. 오답이 아니라 정답을, 적군이 아니라 아군을, 패배가 아니라 승리를, 그것이 선(善)임을 강요합니다. 평화는 둘로 나뉜 폭력의 세계에서 둘 사이를 연결하고 가로지르는 무수한 시도입니다. 제 생각 또한 무수한 시도 중 하나입니다. 다양한 시도들이 만나고 섞여 다채로워질 때 우리는 한층 더 풍성한 모습의 평화에 대해 이야기할 수 있을 것입니다.

2021년 2월

이용석

• 차례

1부 전쟁과 평화에 대한 네 가지 질문

2부 전쟁을 가능하게 하는 세 기둥

3부 우리의 책임, 우리의 권리

'평화'를 이야기한다는 것

"용석아, 너희 아버지는 무슨 일 하셔?"

"어, 기계…… 도면도, 그리고…… 사실 나도 잘 몰라."

오해하실까 봐 미리 말씀드리자면 제가 특별히 불효자는 아닙니다. 하지만 아버지가 무슨 일을 하는지 친구들이 물어보면 저는 설명을 잘 못합니다. 기계를 다루는 기술자인 것은 알겠는데 구체적으로 어떤 일인지는 잘 모릅니다. 몇 번 설명을 듣긴 했는데, 제가 너무나 모르는 분야라서 설명만 들어서는 이해가 가질 않습니다. 어렸을 때는 아빠가 일하는 회사에도 몇 번 가봤는데, 회사 마당에서 메뚜기 잡은 기억만 나지 기계들은 기억에 없습니다.

"용석아, 근데 너 하는 일이 뭐라고 했지?"

"응, 평화운동?"

"아, 평화운동······ 근데 너희가 말하는 평화가 구체적으로 뭐야?"

문제는 부모님도 제가 하는 일을 잘 모르신다는 겁니다. 또 오해 없도록 말씀드리자면 제가 일부러 제 일을 부모님께 숨기는 게 아닙니다. 하지만 부모님이 이해하실 수 있게 평화가 무엇인지 딱 부러진 말로 설명을 못하겠습니다.

평화가 무엇인지에 대해 말하는 일은 어쩌면 라면 끓이기와 비슷한 것 같습니다. 라면처럼 만들기 쉬운 음식이 없죠. 누구나 라면을 끓일 수 있고, 조금 신경 써서 끓이는 사람들은 저마다 자기 입맛에 맞는 비법을 가지고 있습니다. 저는 국물이 거의 없게 하고 계란을 풀어서 끓이는데, 제 동생은 국물 많은 라면에 파 넣는 것을 좋아합니다. 그래서 저희 남매는 어렸을 때 서로 라면 끓여 오라고 싸우지 않고, 반대로 서로 끓여주겠다고 다퉜습니다. 이처럼 라면은 모두가 만들 수 있는 쉬운 음식이지만, 모두의 입맛에 맞는 라면을 끓이는 것은 불가능합니다. '평화가 무엇이냐?'는 질문도 마찬가지입니다. 누구나 평화에 대해 이야기할 수 있지만 모두를 만족시킬 수 있는 대답은 없으니까요.

'평화'는 그리 어려운 단어가 아닙니다. 그리고 나쁜 단어도 아니라서 모두가 평화를 이야기합니다. 한국 전쟁을 일으킨 김일성도, 공공연하게 북진통일을 주장한 이승만도 평화를 말했습니다. 아프가니스탄과 이라크를 연달아 침공한 조지 W. 부시도 평화를 말했습니다. 군대를 거부하는 병역거부자도 평화를 말하고, 강한 군대가 있어야 나라를 지킬 수 있다고 외치는 참전용사도 평화를 말합니다. 각자의 라면처럼 그냥 취향을 존중하면 참 편하겠지만, 평화에 대한 질문과 대답은 어떤 사람들에게는 목숨이 달린 문제이니 취향의 영역으로만 남겨둘 수도 없습니다.

그래서 국어사전에서 '평화'의 뜻을 찾아봤습니다.

평화(平和)

「명사」

① 평온하고 화목함.

가정의 평화를 깨뜨리다.

② 전쟁, 분쟁 또는 일체의 갈등이 없이 평온함. 또는 그런 상태.

인류의 평화를 갈망하다.

평화를 지키다.

세계의 평화를 위협하다.

좋은 말이고 무슨 뜻인지도 알겠는데, 그래도 아리송합니다. 이러니 김정은도 트럼프도 아베도 전혀 다른 생각을 하면서 평화를 말하나 봅니다.

구글에서 이미지 검색을 해봤습니다. 한국 구글 사이트에서는 비둘기 이미지만 검색됩니다. 비둘기는 피스(peace)가 아니라 피존(pigeon)인데 말이죠. 다른 나라에서는 어떤가 싶어 영국 구글 사이트에 들어가서 'peace'를 검색해봤습니다. 이번에는 비둘기 대신 피스 마크만 나옵니다. 이렇게 추상적인 상징 기호만으로는 도통 평화가 무엇인지 알 수 없습니다.

'평화' 안에서는 모두가 화합하고 갈등도 없고 화목할 것만 같은데, 과연 그런 상태가 존재할 수 있을지도 의문입니다.

평화는 당파적, 논쟁적 개념

'평화', '인권', '민주주의' 같은 말들은 무척이나 아름다운 말입니다. 독재자도, 정치인도 모두 평화와 인권, 민주주의를 옹호한다고 말합니다. 실로 이러한 가치에 반대하는 사람은 없어 보입니다. 그렇기 때문에 우리는 이 가치들이 굉장히 보편적인 가치라고 생각합니다. 하지만 '평화'는 굉장히 정치적

이고 당파적인 가치입니다. 평화학 연구자 정희진은 이렇게
말합니다.

> 평화(peace)의 어원은 로마 신화에 등장하는 평화의 여신, 팍
> 스(pax)다. 한자로는 '범(汎)'에 가깝다. 그러니 무서운 말이다.
> 평화는 가장 당파적인 개념인데 보편적인 가치처럼 인식된다.
> 일단, '평(平)' 자체가 일반화의 폭력을 뜻하는 글자다.
>
> ─《정희진처럼 읽기》, 186쪽

로마가 가장 강했던 시기를 '팍스 로마나(Pax Romana)'라
고 합니다. 우리말로 하면 '로마의 평화'쯤 되겠죠. 그런데 과
연 로마에 정복당한 땅에 사는 사람들에게도 그 시기가 평화
로웠을까요? 로마에 사는 노예들에게는 오히려 폭력의 시대
가 아니었을까요?

이처럼 우리가 평화라고 부르는 상태 혹은 시기는 어떤 종
류의 폭력을 은폐하거나 보이지 않게 만들어야만 존재할 수
있습니다. '팍스 로마나'라는 명칭이 로마에 점령당하고 지배
당한 사람들이 겪은 폭력을 감추는 것처럼요. 이런 면에서 갈
등이 없는 상태나 혼란이 없는 상태를 평화라고 한다면 평화
는 굉장히 폭력적인 개념일 수도 있습니다. 갈등이나 혼란이

없으려면 강력한 통치자가 막강한 힘으로 다른 세력을 완벽하게 억눌러야 하기 때문이죠.

평화는 고정불변의 보편적 가치가 아닙니다. 누가 말하느냐, 어떤 의도로 말하느냐에 따라 평화의 사회적인 의미와 개념이 달라집니다. 이처럼 평화는 다양한 해석이 충돌하고 논쟁하는 개념이며, 평화를 실현하는 방법이나 평화의 내용 등을 둘러싸고도 치열한 갈등이 일어나는 일종의 전쟁터입니다. 와, 평화가 전쟁터라니 뭔가 아이러니하죠?

평화운동 또한 비폭력주의라든지 반군사주의 같은 가치를 주장하긴 하지만, 현실 세계에서 평화의 개념과 의미를 두고 투쟁하는 한 축일 수밖에 없습니다. 강한 군대가 평화를 지킨다는 이데올로기에 맞서 평화와 안보의 개념을 역전시키고 평화와 안보의 관계를 다르게 만들기 위해 싸우는 거죠. 평화의 이러한 속성을 먼저 이해해야, 평화에 대해 이야기하면서 서로 다른 이야기를 신나게 하는 것을 방지할 수 있습니다.

다양한 해석과 논쟁이 일어나는 장이 평화이니 만큼, 사실 평화가 무엇이냐는 질문에 대한 대답은 복잡할 수밖에 없습니다. 평화에 대한 단순한 정리는 이해하기 쉬워 보이지만 중요한 문제를 숨기는 경우가 많습니다. 이런 경우 보통 도덕의 외피를 쓰고 있습니다. 누가 좋고 누가 나쁘다는 식이죠. 도덕이라는 껍질을 한 꺼풀 벗겨보면 애써 숨겨놓은 자기 진영의 이익이 드러납니다. 온갖 미사여구로 자신들의 입장과 행동을 옹호하지만 실제로 하고 싶은 말은 다음과 같은 문장입니다. "전쟁은 나쁜 것이다. 특히 전쟁에서 우리와 싸우는 적군은 아주 나쁜 사람들이고, 나쁜 사람들과 맞서는 우리는 평화를 지키기 위해 싸우는 좋은 사람들이다." 좋은 것과 나쁜 것, 아군과 적군, 전쟁과 평화, 얼마나 쉽고 명쾌합니까. 하지만 이런 말은 대체로 의심해봐야 합니다. 전쟁에서 싸우는 양쪽 모두 같은 말을 할 것이 뻔하기 때문입니다.

대개의 경우 세상만사는 이렇게 두부 자르듯 쉽게 나뉘지 않습니다. 하물며 평화에 대한 이야기는 더욱 복잡할 수밖에 없습니다. 당장 전쟁에 참전한 국가들만 보더라도 국가 간 갈등은 당연하고, 국가 안 여러 계층과 집단의 이해관계가 복잡할 뿐더러 경제적, 정치적 갈등이 첨예하게 대립하고 있습니다. 강대국의 국방부 장관이 보는 평화와 약소국의 노동자가 보는 평화는 다른 의미로 여겨질 겁니다.

평화에 대해 생각해보는 일은 얽히고설킨 실타래를 푸는 일처럼 복잡합니다. 좀 쉬우면 좋으련만 복잡한 문제는 복잡하게 푸는 수밖에 없습니다. 수학은 원래 어려운 학문이니 어렵게 공부하는 수밖에 없는 것처럼요. 아인슈타인도 상대성 원리 같은 어려운 걸 풀어낼 능력이 있었을 뿐이지, 그에게도 상대성 원리가 결코 쉽지는 않았을 겁니다.

평화와 폭력의 구조

복잡하고 어려운 문제인 줄은 알겠는데, 쉽고 간편한 해결책이 없다는 것도 알겠는데, 그래도 비빌 언덕 하나쯤 있으면 좋겠다는 생각이 절로 듭니다. 다행히 요한 갈퉁(Johan Galtung)이라는 학자가 평화와 폭력의 구조에 대해 정리했습니다.

요한 갈퉁은 폭력을 직접적 폭력과 간접적(구조적) 폭력으로 구분합니다. 직접적 폭력은 전쟁, 테러, 학살, 고문처럼 물리력이 동반된 폭력입니다. 간접적 폭력은 눈에 보이는 물리력이 사용되지는 않지만 개인의 삶을 파괴하는 사회의 구조적인 권력 관계까지도 지칭하는 말입니다. 빈곤, 차별, 혐오같은 것들이 구조적 폭력이죠. 폭력의 대척점, 즉 폭력을 극복한 자리에 평화가 놓입니다. 평화 또한 소극적 평화와 적극적 평화로 구분되는데, '전쟁이나 군사 분쟁 같은 물리적 폭력(직접적 폭력)이 부재한 상태'가 소극적 평화이고, 물리적폭력뿐만 아니라 '사회 구조적인 폭력(간접적 폭력)까지 부재한 상태'가 적극적 평화입니다.

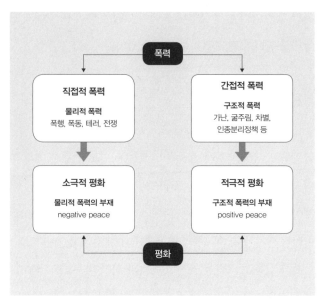

요한 갈퉁의 이야기를 표로 정리하면 이렇습니다. 전세현, 《평화교육, 새롭게 만나기》, 31쪽

예멘 내전을 예로 들어볼게요. 예멘 난민 500여 명이 2018년 6월 제주도에 도착했던 일, 다들 기억할 겁니다. 예멘 사람들이 난민이 되어 머나먼 한국의 제주도까지 오게 된 원인이 바로 예멘 내전입니다. 예멘 내전에서 폭격으로 많은 사람이 죽고 다친 것은 직접적 폭력입니다. 전쟁으로 병원이나 도로가 파괴되고, 많은 사람들이 더욱 가난해졌습니다. 빈곤 때문에 혹은 제대로 된 의료 지원을 받지 못해서 죽어갔는데, 이런 것들이 간접적(구조적) 폭력입니다. 예멘 난민이 전쟁을

피해 한국에 왔을 때 난민을 환대하고 반기는 사람도 있었지만 난민을 혐오하는 말들도 쏟아져 나왔습니다. 이런 것은 구조적 폭력을 더욱 강화하는 문화적 폭력이라고 할 수 있습니다.

이번에는 평화의 개념을 살펴보죠. 내전을 당장 멈추는 것, 다시 말해 물리적 폭력을 중단시키는 것은 소극적 평화에 해당합니다. 물론 이것만으로도 많은 사람의 목숨을 구할 수 있고 뜻깊은 일이죠. 하지만 전쟁이 끝난 뒤 가난과 굶주림, 예멘 사회 내부의 불평등이 개선되지 않는다면 여전히 많은 사람들이 고통받을 것입니다. 이러한 간접적 폭력까지 부재한 상태를 적극적 평화라고 합니다.

앞서 말한 것처럼 평화는 다양한 해석이 난무하는 격론의 장입니다. 요한 갈퉁의 평화와 폭력에 대한 개념 또한 절대적인 진리는 아닌 거죠. 하지만 요한 갈퉁은 평화를 단순하게 적과 아군의 이분법으로 보지 않았고, 폭력 또한 눈에 보이는 현상뿐만 아니라 그 일이 일어난 원인이나 구조에 주목했다는 점에서 큰 의미가 있습니다. 평화와 폭력의 복잡하고 다양한 모습과 그 모습 뒤에 숨겨진 맥락에 대해 더 자세히 설명할 수 있는 개념이 등장한다면, 요한 갈퉁이 정의한 개념도 역사책 속으로 사라질 수 있겠죠.

평화에 대한 포괄적인 정리:
의미와 한계

"평화는 보편적인 가치가 아니므로 복잡다단한 구조 속에서 인식해야 하고, 평화에 대한 정의나 개념은 절대 진리가 아니라 다양한 의견이 늘 경합하고 갈등하는 가운데 형성되는 것입니다." 이렇게 말하면 "그래서, 네가 생각하는 평화가 뭔데?" 하고 반문하는 사람도 있을 것 같습니다. 평화가 무엇인지 이야기하기 위해 몇 가지를 좀 더 살펴보려고 합니다. 많은 평화학 연구자들, 평화활동가들이 평화를 단순하게 보지 않고 그것의 복잡한 맥락과 구조를 살피기 위해, 그리고 평화의 의미와 영역을 넓히기 위해 노력하고 있습니다.

예컨대 서보혁, 정주진 선생님은 평화를 네 가지 범주로 나눕니다. 평화학의 전통적인 영역인 '반전평화', 민주주의 원리에 입각해 사회를 재구성하는 '민주평화', 사회적 약자의 단결을 의미하는 '연대평화', 인간 소외와 자본의 물신화 및 자연에 대한 착취를 극복하려는 '생태평화'로 구분합니다(《평화운동-이론·역사·영역》, 46~47쪽). 이런 구분 방식은 평화를 소극적 평화로만 좁게 생각하지 않고 다양한 상상력을 불어넣어 평화의 영역을 넓힌다는 점에서는 굉장히 유용합니다. 하지

만 이런 구분에 따르면 때로는 세상 모든 일이 평화의 문제
인 것처럼 여겨지기도 합니다. 1987년 호헌철폐와 독재타도
를 외치면서 대통령 직선제를 쟁취한 것도 평화고, 기후위기
에 맞서는 것도 평화를 위한 일이며, 산업재해로 죽어가는 노
동자들의 생존권을 지키는 것도 평화입니다. 딱히 틀린 말은
아니지만 평화를 이처럼 아주 넓게 생각하면 세상 모든 일이
평화이고, 이는 다시 말하면 평화란 따로 존재하지 않는 게
되기도 합니다. 우리가 책 읽을 때 중요해서 특별히 기억해야
할 문장에 밑줄을 긋잖아요. 그런데 모든 문장에 밑줄을 그어
버리면 기억해야 할 특별한 문장은 존재하지 않게 되어버리
는 것과 비슷합니다.

　평화운동을 하다 보면 저도 평화를 폭넓게 정의하면서 이
야기를 이어가는 경우가 있습니다. 하지만 솔직히 말하면 저
스스로도 말에 힘이 실리지 않는 것을 느꼈습니다. 민주주의
를 강화하는 일부터 생태 환경, 일상에서의 관계, 내면의 다
스림, 국제 정치와 외교까지, 세상 모든 일을 평화라고 이야
기하는 건 그럴싸해 보이긴 해도 실상은 아무런 알맹이 없는
말잔치가 되기 일쑤였고, 그 말들에선 저 스스로도 아무런 감
동도, 구체적인 실천도 찾을 수 없었으니까요. 평화에 대해
뭔가 좀 더 예리한 설명을 하고 싶었습니다.

감동과 실천에 초점을 맞추면 2004년 평택에서 열린 '529 반전평화문화축제, 총을 내려라'에서 문정현 신부님이 평화에 대해 연설한 것이 떠오릅니다.

저는 6개월 동안 유랑하면서 평화가 무엇인지 터득했습니다.

공장에서 쫓겨난 노동자가 원직복직하는 것이 평화입니다.

청주에 갔습니다. 천연기념물인 두꺼비와 맹꽁이가 개발에 밀려서 멸종이 되지 않도록 서식처를 만들어주는 것이 평화입니다.

움직일 수 없는 장애인이 성한 사람들의 도움으로 가고 싶은 곳을 쉽게 갈 수 있게 만들어주는 것이 바로 평화입니다.

김지태 위원장이 땅이 강제로 수용될 그 위기에 땅을 빼앗기지 않도록 만들어주는 것이 바로 평화입니다.

영문도 모르고 강대국의 침략으로 죽어가는 부녀자들, 노인들을 살려주는 것이 바로 평화입니다.

이라크 파병을 반대하고 미군은 이라크에서 철수하도록 만들어주는 것이 평화입니다.

주한미군의 전략이 달라지면서 용산, 의정부, 동두천 등지에 퍼져 있던 주한미군이 평택으로 집결하는 계획이 세워졌

정부는 대추리 주민들이 농사를 못 짓게 포클레인을 동원해 농수로를
파괴하려고 했습니다. 이를 막아선 문정현 신부님과 평화활동가들 사진입니다.
문정현 신부님의 '529반전평화문화축제, 총을 내려라' 연설 동영상 링크
(https://youtu.be/-f0Q587cQJg)와 문 신부님의 연설에 조약골이 곡을 붙여 만든 노래
〈평화가 무엇이냐〉 실버라이닝 버전 링크(https://youtu.be/G7a_Uk0fjFM)를 참조하세요.

습니다. 원래 평택에 있던 미군기지를 확장해서 전국에 흩어져 있는 미군기지를 평택으로 이전한다는 계획이었죠. 그런데 문제는 원래 평택에 있던 미군기지 바로 옆에, 사람이 살고 있는 마을 대추리, 도두리가 있다는 겁니다. 사실 원래의 미군기지 또한 해방 직후 대추리 주민들을 쫓아내고 들어선 것이었습니다. 대추리 주민들은 쫓겨난 뒤 갈 데가 없어서 미군기지 옆에 마을을 만들고 살았는데 반백 년이 지나고 나서 또다시 미군기지에 집을 잃고 쫓겨날 위기에 처했던 거죠.

2004년은 평화활동가들과 대추리, 도두리 주민들이 군사기지 확장을 위해 살던 사람들을 강제로 쫓아낼 수 없다며 싸우기 시작할 무렵이었습니다. 문정현 신부님의 발언은 적극적인 실천을 하는 와중에 나온 감동적인 이야기였습니다.

저는 운 좋게 문 신부님의 발언을 현장에서 라이브로 들었습니다. 쩌렁쩌렁한 신부님 목소리를 들으며 팔에 소름이 돋았습니다. 전율과 감동을 느꼈죠. 당시 저는 평화에 대한 이보다 아름다운 설명은 불가능하다고 생각했습니다. 문정현 신부님의 발언이 큰 힘과 울림을 줬던 까닭은 평화의 다양한 모습을 언급했기 때문만은 아니었습니다. 평화의 내용으로 언급한 각각의 사례가 2004년 당시 가장 치열하게 싸우고 있던 투쟁 현장이었기 때문이었습니다. 또한 용산 미군기지가 평택 대추리로 이사 가기 직전, 미군기지의 확장 이전을 막기 위해 대추리 농민들이 싸움을 준비하고 있던 시기에, 바로 그 현장에서 토해낸 발언인 것도 사람들의 마음을 울린 이유겠죠.

질문의 재구성:
평화의 시선으로 바라본다는 것

문정현 신부님의 말씀은 감동적이었지만, 그 감동을 다른 사람들에게 전달하기는 어려웠습니다. 특히 저와 다른 생각을 가진 사람과 대화할 때 제가 받은 감동을 제대로 설명할 수 없었습니다. 감동은 같은 생각을 가진 사람들 사이에서는 큰 힘을 갖지만 그렇지 않은 사람들에게는 공감할 수 없는 이야기일 뿐입니다. 이 커다란 감동이 왜 전달되지 않는지에 대해 생각해보았습니다. 서보혁, 정주진 선생님의 정의처럼 문정현 신부님의 평화도 너무 넓은 의미를 내포하고 있기 때문이었습니다. 그나마 당시 치열한 현장 이야기를 담고 있었기 때문에 뜬구름 잡는 이야기는 아니었지만, 세월이 지난 지금까지 당시의 투쟁 현장이 여전히 사람들에게 구체적인 장면으로 다가오기를 바랄 수도 없는 일입니다.

평화를 협소하게 해석하거나 규정짓는 것을 경계하면서 넓은 의미를 담으려다 보면 알맹이 없는 말의 상찬이 되어버립니다. 반대로 너무 넓게 확장한 나머지 아무런 의미도 가지지 못하는 것을 경계하다 보면 무엇이 평화가 아닌지 구분 짓기에 바쁘더라고요. 우리가 평화에 대해 심판하는 재판관도 아닌데 말이죠. 그런 구분 짓기는 평화를 지나치게 협소하게 만들거나 교조적으로 만들어버리기 십상입니다.

이 딜레마에 대해 오래 생각했습니다. 평화를 한 마디, 한 문장, 한 문단으로 쉽게 설명하는 건 불가능합니다. 마치 수십 명이 넘는 인물이 등장해 다양한 인간군상과 철학을 보여주는 대하소설 《토지》를 한 문장 혹은 한 문단으로 요약해서 설명하는 것이 무의미한 것처럼 말이에요. 그래서 저는 질문을 바꿔보기로 했습니다. "평화가 무엇이냐?"는 질문에서 "평화는 무엇을 봐야 하나?" 혹은 "평화의 시선으로 바라본다는 것은 어떤 의미인가?"로요. 마르크시즘이 노동 계급에 대해서만 이야기하는 게 아니라 노동자의 눈으로 세상을 인식하는 세계관이고, 페미니즘이 여성의 문제만 언급하는 게 아니라 여성과 소수자의 시선으로 세상을 재해석하는 세계관인 것처럼, 세상 모든 문제들에서 평화의 문제가 어떻게 작동하는지를 파악하는 시선을 갖추는 것이 중요하다고 생각한 거죠.

그러한 시선, 그러한 세계관을 '평화주의'라고 이야기할 수 있겠죠.

우리가 평화에 대해 이야기하는 것의 목적은 평화의 사전적 의미를 명확하게 정의 내리려는 것이 아니라, 우리가 사는 이 세상을 좀 더 평화로운 곳으로, 폭력과 전쟁으로부터 안전한 곳으로 만들기 위해서입니다. 그렇다면 본래의 질문을 고수하기보다는 더 좋은 답을 이끌어낼 수 있는 질문을 새롭게 찾는 것이 더 현명한 일입니다.

노동자를 군대식으로 통제하는 공장, 난개발과 자원 착취의 배후에 도사리고 있는 군수산업체, 장애인의 존재를 지우는 사회의 정상성 이데올로기와 남성다움을 강요하는 성별 이분법에서 작동하는 군사주의. 세상 모든 일이 결국 평화의 문제라는 인식이 틀린 것은 아닙니다. 평화의 시선으로 해석하고 분석하는 우리의 노력이 부족했던 거고, 평화에 대한 적절한 질문을 던지지 못했던 것이죠.

우리가 세상의 여러 문제를 평화의 시선으로 분석하고 바라본다면, 지금까지 미처 바로 보지 못한 것들을 발견할 수 있을 것입니다. 예를 들면 가정 폭력에 개입하는 평화의 시선은 그 폭력의 기원을 파악하고, 폭력이 어떤 구조로 작동하는지 분석하는 것입니다. 당연히 모든 가정 폭력이 나쁜 것입니다만, 평화의 시선으로 가정 폭력에 접근한다면 참전군인이 어떻게 가정 폭력의 가해자가 되는지 혹은 가정 폭력이 은폐되는 사회 구조적인 문제에서 군사주의가 어떻게 작동하는지를 이야기할 수 있을 겁니다. 이러한 시선은 '빈곤과 가정 폭력의 상관관계'라든지 '가정 폭력에서 성별정치학이 어떻게 작동하는지'와 같은 시선과 함께 상호작용하면서 문제를 더 입체적으로 파악할 수 있게 해줍니다.

세상의 모든 문제를 바라볼 때 우리가 계급적인 시선을 놓지 말아야 하는 것처럼, 혹은 모든 일이 젠더화되어 있는 세상에서 젠더 분석이 필수적인 것처럼, 우리 주변에서 일어나는 일을 평화의 시선으로 바라보고 해석하는 것도 꼭 필요하다고 생각합니다. 그리고 평화의 시선은 젠더, 계급 등 세상을 바라보는 다양한 시선들과 교차해야 합니다. 우리가 사는 이 복잡한 세상의 문제점을 찾아내고 분석하는 일은 평화의 시선 하나만으로는 불가능하니까요. 물론 여러 시선으로 세상을 바라보는 것은 마치 여러 겹의 렌즈를 끼고 세상을 바라보는 것처럼 어지럽고 어려운 일입니다. 하지만 다른 방법이 없습니다. 사칙연산만으로 상대성 원리를 증명할 수 없듯이, 여러 겹의 렌즈로 보지 않고서는 이 복잡한 세상의 문제점을 발견하지도, 해결 방법을 찾아내지도 못할 테니까요.

평화의 시선이 다른 시선들과 만난다고 세상의 문제가 갑자기 잘 보이는 것은 아닙니다. 교차하는 시선을 갖추는 것은 시작일 뿐이죠. 결국 문제점을 발견하기 위해서도, 해결 방법을 찾아내기 위해서도 좋은 질문이 필요합니다. 그렇다면 우리에게 더욱 중요하고 필요한 질문은 "평화가 무엇이냐?"보다 "평화는 무엇을 바라봐야 하나?" 하는 인식의 전환이 아닐까 생각합니다. 질문이야말로 변화를 위한 첫걸음이니까요.

전쟁과 평화에 대한
네 가지 질문

전쟁과 폭력은
인간의 본성
아닌가요?

"인류 역사상 전쟁이 존재하지 않은 적은 없었다. 전쟁은 인간의 본성이다."

평화운동을 하면서 많이 들은 말 중 하나입니다. 아주 단호한 입장이죠. 그리고 편리하기도 한 정의입니다. '인류 역사상 전쟁이 존재하지 않은 적이 없다'를 근거로 '전쟁은 인간의 본성'이라는 결론을 도출하니 얼핏 보면 맞는 말 같기도 합니다. 20세기 이후만 살펴보더라도 인류는 제1차 세계대전을 겪고, 제2차 세계대전에서는 핵무기의 끔찍한 살상력까지 경험했습니다. 많은 사람들이 전쟁의 참혹함을 직면하고 반성하고 성찰했죠. 하지만 몇 년 지나지 않아 한국 전쟁이 일어나고, 또 얼마 지나지 않아 베트남 전쟁이 일어납니다. 그 뒤로도 걸프전, 미국의 아프가니스탄 침공, 이라크 전쟁이 일어났습니다. 사실관계만 늘어봐도 저 말을 반박하기 어려워 보입니다. 이런 생각은 인간과 전쟁의 관계를 손쉽게 정의 내릴 수 있게 하지만 논리적으로는 게으른 생각입니다. 게으르지만 생명력이 끈질긴 생각입니다. 시대에 따라, 장소에 따라 조금씩 겉모양을 바꾸면서 존재해왔습니다.

전쟁이 인간의 본성이라는 생각의 바탕에는 《리바이어던》을 쓴 홉스식 사고방식이 깔려 있습니다. 홉스는 자연 상태의 인간은 무질서한 존재이고 그렇기 때문에 '만인의 만인에 대한 투쟁'과 같은 상황이 발생한다고 봤습니다. 쉽게 말하자면 무질서한 상태에서 서로 치고받고 싸우는 게 인간의 본성이라고 본 것이죠.

지금 우리에겐 홉스의 이야기가 낯설지 않지만 홉스 이전에 이런 생각은 보편적이지 않았습니다. 고대 그리스 철학자들은 사회 속 인간을 '만인의 만인에 대한 투쟁' 상태로 보기보다는 '인간은 무리 지어 더불어 사는 존재'라고 생각하는 경향이 더 강했습니다. 예를 들어 아리스토텔레스는 《정치학》에서 "인간은 폴리스적(정치적) 동물이다"라고 말합니다. 사회 속에서 개별화된 존재로 각자도생을 위해 투쟁하는 것이 아니라 서로 이해관계와 갈등이 얽힌 채로 함께 살아가는 존재로 인식한 것이죠.

전쟁이 인간의 본성이라는 인식은 홉스 이후, 즉 근대 이후에 들어서야 사람들의 머릿속에 자리 잡기 시작한 셈입니다. 정말로 전쟁이 인간의 본성이라면 홉스 시대 이전 사람들에게도 이 본성이 적용되어야 합니다. 다시 말하면 전쟁이 인간의 본성이라는 생각이 틀렸거나, 아리스토텔레스를 비롯해서 홉스 시대 이전의 사람들이 잘못 생각한 것이겠죠. 저는 전쟁이 인간의 본성이라는 생각이 틀렸다고 생각합니다. 그이유를 말씀드리겠습니다.

재난을 마주하며:
이타적인 사람들과 폭력적인 권력

인간의 본성에 대해 이야기하기 위해 재난 상황에서 사람들이 어떻게 행동하는지를 먼저 살펴보려고 합니다. 물론 재난은 전쟁과 동일하지 않습니다. 하지만 사회 시스템이 붕괴된 상황에서 사람들이 생존을 위한 선택에 내몰렸다는 점이 전쟁과 비슷합니다. 그렇기 때문에 재난 상황에서 사람들이 어떻게 행동하는지를 살펴보는 것은 인간의 본성에 대해 이야기할 때 무척 도움이 됩니다.

우리나라에서 '맨스플레인(mansplain)'이라는 말로 잘 알

려진 페미니스트 작가 리베카 솔닛(Rebecca Solnit)은 《이 폐허를 응시하라》에서 여러 학자들의 연구를 토대로 재난에 대한 인간의 대응을 소개합니다. 리베카 솔닛은 20세기 초반 샌프란시스코 대지진과 캐나다 핼리팩스의 폭발 사고부터, 비교적 최근의 일인 초대형 허리케인 카트리나가 상륙한 뉴올리언스의 이야기까지, 주로 북미 지역의 재난을 살펴보며 그 재난을 마주한 사람들이 어떤 모습을 보여줬는지 이야기합니다. 이 책에 기술된 여러 재난에서 평범한 사람들이 보여준 모습은 '만인의 만인에 대한 투쟁'과는 사뭇 달랐습니다. 사람들은 서로 배려하고, 돕고, 이타적으로 행동합니다. 집에 있는 음식을 가지고 와 무료 급식소에서 나누고, 건물에 깔린 사람들을 구하기 위해 자발적으로 나섭니다.

이런 모습은 우리 주변에서도 쉽게 찾아볼 수 있습니다. 세월호 참사가 발생했을 때 실종자 수색을 위해 전국에서 팽목항으로 모여든 민간 잠수사들이나, 대구와 경상북도에 코로나19 바이러스가 급속도로 퍼졌을 때 자기 일을 마다하고 의료 봉사에 나선 의료인들의 모습이 그렇습니다. 특별한 이익을 얻는 게 아닌데도 위험까지 무릅쓰며 다른 사람들을 돕는 모습은 재난 현장에서 쉽게 볼 수 있는 풍경입니다.

물론 어디에나 특별히 나쁜 사람은 있습니다. 재난이 닥쳤을 때 폭력적으로 굴거나 야만적으로 행동하는 사람도 있습니다. 하지만 그런 사람들은 인간의 본성을 증명할 만큼 많지 않았습니다. 리베카 솔닛이 살펴본 재난들에서 대부분의 평범한 사람들은 폭도가 되지도, 무질서로 혼란에 빠지지도 않았습니다. 물론 이는 교육을 통해 이루어진 빛나는 성과일 수도 있습니다만, 만약 이타주의가 본성이 아니라 교육으로 학습된 것이라고 하더라도 '만인의 만인에 대한 투쟁'이 인간의 본성이라는 주장은 힘을 잃습니다. 교육으로 극복 가능하니까요.

비록 소수일지라도 재난 상황에서 만인에 대해 투쟁한 이들의 특징을 살펴보는 것도 중요합니다. 이들은 재난 상황이 발생하면 남들이 야만적으로 행동할 거라 생각하는 경향이 강했는데, 리베카 솔닛에 따르면 주로 정치인, 군인 같은 권력을 가진 엘리트들이었습니다. 사람들이 폭도가 될 거라는 공포에 휩싸인 나머지 상황을 악화시키는 결정을 내립니다. 샌프란시스코 지진의 여파로 도시에 불이 났을 때, 사람들이 자발적으로 불을 끄자 주방위군이 그것을 금지시키면서 지진보다 더 큰 화재 피해를 유발했던 것처럼요. 이런 사례들을 살펴보면 전쟁 혹은 폭력은 인간의 본성이라기보다는 권력의 속성이라고 보는 편이 더 타당한 것 같습니다.

당신은 사람을 향해 총을 쏠 수 있나요?

아무리 그래도 재난은 전쟁과 다르다고 생각할 수 있습니다. 그래서 이번에는 전쟁 이야기를 해볼까 합니다. 역사학자 박노자는 《당신을 위한 국가는 없다》에서 군인 출신의 군사학 연구자 새뮤얼 마셜을 인용하면서 다음과 같이 말합니다.

> 예컨대, 제1차 세계대전 때 처음엔 모든 참전국에서 교회와 정당, 언론이 전쟁을 열렬히 부추겼다. 하지만 실제 전투에서 '용감하게 돌진해서 적을 사살하는 데 열정을 보이는 모범 전사'는 전체 군인의 10%에 불과했다고 한다. 연구의 정확성에 대한 의문은 있지만, 미국의 유명한 군사 연구자 새뮤얼 마셜(Samuel Marshall, 1900~1977)에 따르면 제2차 세계대전 때 실제로 방아쇠를 당겨 의식적으로 가시권에 있는 적군 병사를 사살하거나 사살을 시도한 미국 군인은 대략 15~20%에 불과했다.
>
> ─《당신을 위한 국가는 없다》, 231쪽

적을 죽이지 않으면 내가 죽을 수도 있는 상황에서조차 보통 사람들은 나와 똑같이 눈, 코, 입을 가진 한 인간을 죽이는 것을 굉장히 꺼려했다는 것을 알 수 있습니다. 물론 그들 중에는 전쟁을 반대하는 정치적 메시지를 주장하기 위해 총 쏘기를 거부한 사람도 있었겠지만 대부분은 아마 무의식적으로 같은 종인 인간을 죽이는 것에 거부 반응을 보였을 거라고 생각합니다. 만약 전쟁이 인간의 본성이라면 적군을 향해 조준사격을 한 비율이 90%를 넘지 않을까요?

좀 더 감정 이입을 해봅시다. 우리가 만약 전쟁터에 있고, 총을 든 군인이며, 적군과 교전 중이라면 어떨까요? 적군을 향해 총을 쏠 수 있을까요? 아마 전쟁이 인간의 본성이라고 주장하는 사람들도 대부분 조준사격을 하지 못할 거라고 생각합니다. 평화주의자거나 병역거부자가 아니라도 말이에요. 물론 이를 두고 인간의 본성은 오히려 전쟁을 반대한다고 이야기하는 건 논리적인 비약입니다. 하지만 전쟁이 인간의 본성이라는 주장이 틀렸다는 것을 입증하는 데는 충분하다고 생각합니다.

본성보다 중요한 것:
성선설과 성악설

사실 전쟁이 인간의 본성이냐 아니냐를 논하는 것 자체가 저는 의미 없는 일이라고 생각합니다. 전쟁은 쓰나미나 태풍처럼 자연적으로 일어나는 재난이 아닙니다. 쓰나미나 태풍도 온전하게 자연적인 것만은 아닙니다. 발생 원인은 자연적이더라도 그것이 가져오는 피해는 지극히 사회적이고 정치적입니다. 일반적으로 재난은 가난한 사람들에게 더 치명적이기 때문이죠. 재난은 자연의 일이지만 빈곤은 사회적인 일이고 정치적인 일이기 때문에 쓰나미조차도 정치와 무관하지 않습니다. 하물며 전쟁은 발생 원인부터 진행 양상, 그것이 끼치는 영향까지 모든 것이 지극히 사회적이고 정치적인 행위입니다. 평화주의자들과는 대척점에 서 있는 클라우제비츠(Carl von Clausewitz)조차 그의 유명한 책 《전쟁론》에서 "전쟁은 다른 수단을 이용하는 정치의 연속"이라고 했을 정도입니다. 정치적인 행위에는 정치적인 의도가 있을 뿐입니다. 그 안에 변하지 않는 인간의 본성 같은 것은 없습니다.

무슨 소리냐, 순자의 성악설도 모르냐고 타박하는 분들도 있겠죠? 그렇다면 다음 설명을 한번 들어봅시다. 신영복 선생님은 동양고전을 설명한 책 《강의》에서 순자의 성악설을 이렇게 말합니다.

순자는 인간의 본성이 악하다고 주장한 사람으로 알려져 있습니다. 그러나 성악설을 그렇게 받아들인다는 것은 매우 피상적이고 도식적인 이해가 아닐 수 없습니다. 성(性)은 선악 이전의 개념입니다. 선과 악은 사회적 개념입니다. 따라서 성과 선악을 조합하는 개념 구성은 모순이 아닐 수 없습니다. 더구나 천과 천명을 부정한 순자의 사상 체계에 있어서 본성이라는 개념이 설 자리는 처음부터 없습니다. 결론적으로 이야기한다면 성악설은 인성론이 아니라 순자의 사회학적 개념이라는 것입니다.

—《강의》, 412쪽

즉 인간의 성(性)을 선과 악으로 구분하는 것 자체가 잘못이라는 이야기입니다. 성(性)은 선악 이전의 개념이라는 것이죠. 선악이라는 개념 자체가 이미 인간의 인식틀 속에서 이루어지는 만큼 그것은 본래적이기보다는 사회적입니다. 예를 들어 사자가 얼룩말을 잡아먹는 일, 거미가 거미줄을 쳐서 잠자리를 잡아먹는 일은 그들의 본성에 따른 것입니다. 누구도 사자를 비난하거나 거미를 욕하지 않습니다. 본성은 선악 이전의 개념이고 따라서 선악으로 그 행위를 판단할 수 없습니다. 인간의 본성에 대해서도 마찬가지입니다. 우리는 본성에 해당하는 일을 선악으로 판단하지 않습니다. 반면 전쟁에서 인간은 끊임없이 선악을 따집니다. 대개의 경우 싸우는 양쪽 모두 자신을 선으로, 적군을 악으로 규정하죠. 전쟁이 우리의 본성에 따른 행동이 아니기 때문입니다.

신영복 선생님은 이 책에서 본성보다 교육을 강조합니다. 선한 성질은 교육을 통해서 유지하고, 악한 성질은 교육을 통해서 다스리는 것이 중요하다는 것이죠. 인간들 중에는 전쟁을 좋아하거나 폭력을 즐기는 사람이 분명 존재합니다. 반대로 전쟁에 반대하거나 전쟁을 막기 위해 행동하는 사람도 있습니다. 별별 사람들이 모여 사는 세상이니 이는 당연한 모습입니다. 그렇기 때문에 우리는 본성 뒤에 숨거나 본성에 기대손 놓고 있을 게 아니라, 전쟁이 나쁘다는 것을 끊임없이 이야기해야 합니다. 그럼에도 전쟁이 일어난다면, 그것을 어떻게 중단시킬 수 있을지를 서로 가르쳐주고 배워야 합니다. 이러한 배움이 인간과 전쟁의 본성에 대해 이야기하는 것보다 훨씬 더 중요합니다.

전쟁을 인간의 본성으로 규정 내리는 태도는 전쟁을 당연한 것으로 만드는 데 일조해왔습니다. 전쟁을 반대하는 사람들조차도 전쟁을 피할 수 없는 것이라 여기도록 만들어버렸습니다. 피할 수 없기 때문에 체념하고 복종하는 게 당연하다는 생각을 시나브로 퍼뜨렸습니다. 우리는 태풍이나 지진을 당연하게 생각합니다. 그래서 그것의 피해를 줄일 방도를 찾으려고 할 뿐, 태풍이나 지진이 일어나지 않게 하려는 생각은

하지 않습니다. 마찬가지로 전쟁을 인간의 본성이라고 생각해버리면 전쟁이 가져오는 참혹한 결과를 조금 줄이는 방법만 강구할 뿐, 전쟁 자체를 중단시키거나 막기 위한 행동을 할 수 없습니다. 어차피 해도 안 되는 일이라고 생각하니까요.

그렇기 때문에 전쟁이 우리의 본성이라는 잘못된 생각을 떨쳐버리는 것이 중요합니다. 사실 우리는 알고 있습니다. 본성이 악하든 선하든 우리는 본성대로만 행동하지 않습니다. 중요한 것은 본성이 아니라 인간 사회에 내재된 폭력을 억제하고, 사람들의 이타적인 마음과 태도를 북돋기 위해 서로 배우고 가르치는 것입니다. 전쟁이 왜 일어나고 어떻게 진행되고 어떤 영향을 끼칠지를 분석한다면, 전쟁을 막기 위해 필요한 것이 무엇인지도 알 수 있습니다. 물론 쉽지 않은 일이지만 불가능한 일은 아닙니다. 전쟁도 평화도 인간이 만든 것이기 때문입니다. 인간(정치인과 군인)이 일으킨 전쟁을 인간(시민)이 중단시키는 것이 중요합니다.

강한 군대가 있어야
나라를 지킬 수 있지
않나요?

"한미 동맹은 한국 정부가 코로나19 위기 단계를 심각으로 격상함에 따라 기존에 계획했던 한미연합사령부의 전반기 연합지휘소 훈련을 별도의 공지가 있을 때까지 연기하기로 결정했다. 이번 결정은 코로나19 확산 차단 노력과 한미 장병의 안전을 최우선적으로 고려해 박한기 한국 합참의장이 먼저 훈련 연기를 제안했으며, 로버트 에이브럼스 한미연합사령관 겸 주한미군 사령관이 코로나19 관련 현 상황에 대한 엄중함에 공감하고 연기하기로 합의해 결정했다."

코로나19가 한창이던 2020년 2월 27일 김준락 합동참모본부 공보실장이 발표한 내용입니다. 코로나19가 빠르게 퍼지는 상황에서 국방부는 장병들의 안전을 위해서 한미연합훈련을 중단했습니다. 한미연합훈련만 중단한 게 아닙니다. 국방부는 한미연합훈련 중단에 앞서 2월 24일 전군에 지침을 내려 야외훈련을 전면 중지하고, 영내 및 주둔지 훈련으로 대체하도록 했습니다. 게다가 병무청은 전국 지방 병무청에서 진행하던 병역판정검사(일명 신체검사)를 2월 24일부터 중단했습니다. 4월 13일에 일부 검사를 시작했으니 무려 8주 동안이나 전면 중단되었습니다.

이 결정들은 박수를 받아 마땅합니다. 코로나19라는 전대미문의 감염병 앞에서 군인 장병들의 건강을 안전하게 지키는 것이 국방부가 해야 할 일이니까요. 그런데 의문이 들기도 합니다. 국방부는 평소에 한미군사훈련을 안 하면 북한이 당장에라도 쳐들어올 것처럼 말했습니다. '안보 공백'이 우려된다는 말을 꼭 사용했고, 그러면 보수언론과 보수정치권이 나서서 강력한 군사력을 갖추는 일만이 우리의 평화를 지키는 유일한 방법이며, 한국군의 주적인 북한군에 대한 경계 태세를 한시도 늦추면 안 된다고 목소리를 높였습니다. 그 주장대로라면 코로나19 대응으로 야외훈련과 한미연합훈련이 중단되었을 때 심각한 안보 공백이 생겼어야 하지 않을까요? 하루이틀도 아니고 몇 달 동안 중단되었는데 말입니다. 병역판정검사 또한 마찬가지입니다. 코로나19로 8주 동안 입대 예정자들의 신체검사가 중단되었고, 병력 수급에 차질이 발생했지만 우려했던 것처럼 안보 공백이 생기지는 않았습니다.

한편 한국 정부는 전 세계에서 처음으로 코로나19에 대응하기 위해 국방비 삭감을 결정했고 수차례에 걸쳐 모두 1조 8,000억 원을 삭감했습니다. '핵·대량살상무기(WMD) 대응 전력'이라는 명목으로 추진했던 해상작전 헬기 사업비 등이 깎여나갔지만 안보 공백을 우려하는 사람은 아무도 없었습니다. 훈련을 안 해도, 무기를 안 사도, 신병 모집이 안 되어도, 다시 말해 군사적인 안보 수단이 작동하지 않아도 나라를 지키는 데 아무 문제가 발생하지 않았습니다.

사람들이 안보 공백보다 더 걱정하는 건 의료 공백이었습니다. DMZ가 뚫리는 것보다 무서운 건 방역 시스템이 뚫리는 일이었고요. 우리 삶을 위협하는 것이 핵무기나 외국 군대의 미사일이 아니라 코로나19 바이러스였으니까요. 코로나19 바이러스의 습격에 군대는 아무 힘을 쓸 수 없었습니다. 군사훈련이나 군 입대가 코로나19 검사나 방역보다 중요하지 않은 일이 된 것이죠. 자칫 훈련을 하다가 잘못해서 감염이 확산되기라도 하면 오히려 국민의 안전을 해치는 존재가 되었을지도 모릅니다. 아무리 강한 군대라도 막지 못할 위험이 세상에는 존재합니다.

세계 최강 군대를 가진 미국인들은 평화로울까:

코로나19와 미군

세계 최강의 군대를 가진 미국도 코로나19에는 속수무책이었습니다. 속수무책 정도가 아니라 가장 심각하게 코로나19가 확산된 곳이 미국입니다. 2021년 1월 24일 기준으로 확진자가 2,500만 명에 가까워졌고, 사망자도 41만 명이 넘었습니다. 무척 안타까운 일입니다. 그동안 미국이 세계의 보호자를 자처하며 자랑하던 최첨단 무기와 세계 최강 미군 역시 코로나19 앞에서는 아무것도 할 수 없었습니다. 강력한 군사력을 보유한 국가의 국민들이지만 전염병 앞에서는 위험한 상황에 놓여 있는 국민들일 뿐입니다.

미국만 상황이 안 좋다면 예외로 볼 수 있을 텐데 그렇지도 않습니다. 코로나19 확진자가 가장 많은 다섯 국가는 2019년 군사비 지출로 11위 안에 든 국가들입니다. 그 가운데 4개국은 핵무기 보유 국가입니다. 강한 군사력도 코로나19 앞에선 무용지물인 거죠.

전염병은 보건 의료 영역이니까 군대가 어쩔 수 없으며, 전통적인 군사 안보 영역에서는 군대가 평화를 지킬 수 있다고 이야기할 수도 있겠죠. 과연 그럴까요? 아마 미국과 전쟁을

순위		국가	2019년 군사비 지출(단위: 달러)	비고
2019년	2018년			
1	1	미국	7320억	
2	2	중국	(2610억)	추정치
3	4	인도	711억	
4	5	러시아	651억	
5	3	사우디아라비아	(619억)	추정치
6	6	프랑스	501억	
7	9	독일	493억	
8	7	영국	487억	
9	8	일본	476억	
10	10	한국	439억	
11	11	브라질	269억	

스톡홀름국제평화연구소(SIPRI), 〈세계 군사비 지출 경향 2019〉, 2020년 발간

국가	총 확진자(명)	인구 10만 명당 확진자 발생률	사망자	인구 10만 명당 사망자	2020년 군사비 지출 TOP20	핵 보유국
미국	24,916,899	7527.76	416,004	1.67	●	◆
인도	10,676,838	733.68	153,587	1.44	●	◆
브라질	8,844,577	4160.20	217,037	2.45	●	
러시아	3,756,931	2575.00	70,482	1.88	●	◆
영국	3,669,662	5404.51	98,531	2.69	●	◆
프랑스	3,007,706	4605.98	73,101	2.43	●	◆
스페인	2,593,382	5541.41	56,208	2.17	●	
이탈리아	2,475,372	4091.52	85,881	3.47	●	
터키	2,435,247	2888.79	25,210	1.04	●	
독일	2,148,077	2563.34	52,990	2.47	●	

전 세계 코로나19 현황(2021년 1월 27일 09:00 기준, 출처: 중앙재난안전대책본부 홈페이지)

해서 이길 수 있는 나라는 지구상에 없을 겁니다. 미국이 개입한 대부분의 전쟁은 미국이 침략하는 전쟁이지 침략당하는 전쟁이 아닌 것만 봐도 알 수 있죠. 확실히 강한 군대를 가지고 있어야 적국이 쳐들어오지 않는 것 같습니다. 강한 군대는 정말 전쟁을 억제하는 능력이 있는 것일까요? 미국이 강한 군대를 가지고 있기 때문에 미국을 침략하는 국가는 없지만, 미국 국민들이 평화롭게 살고 있다고 말할 수는 없습니다.

2001년 9월 11일 뉴욕 맨해튼에 위치한 국제무역센터가 테러리스트들의 공격을 당했습니다. 2,800~3,500여 명의 사람이 목숨을 잃었습니다. 수많은 사람들이 죽은 것도 충격이지만 세계 자본주의의 심장인 뉴욕에서, 그것도 가장 상징적인 건물인 국제무역센터가 무너지는 이미지는 전 세계 사람들에게 충격을 줬고 미국인들에게는 커다란 공포였습니다. 당시 테러리스트들은 비행기를 공중에서 납치해 국제무역센터, 국방부, 그리고 백악관(혹은 국회의사당)을 노렸습니다. 테러에 이용한 네 대의 비행기 중 유일하게 작전에 실패해서 펜실베이니아에 추락한 비행기가 있는데, 군대가 테러를 막은 것이 아니라 비행기에 타고 있던 승객들이 필사적으로 저항해서 테러를 막은 것입니다. 그들의 용기가 아니었다면 2001년 9월 11일, 우리는 백악관이나 국회의사당 테러 소식도 들었을 겁니다. 미국은 세계 최강의 군대를 가졌지만 911테러는 막을 수 없었습니다.

한편 미국은 총기 사고로도 유명합니다. 수십 명이 죽어가는 총기 난사 사건에 가려져 있어서 그렇지, 실제 총기 사고로 죽는 사람이 하루 평균 세 자릿수에 달합니다. 2017년에는 하루에 109명꼴로, 1년 동안 약 4만 명이 총기 사고로 목숨을 잃었습니다. 전쟁보다 더 많은 사람이 총기 사고로 죽어가는데도 미국 정부는 속수무책이고, 세계 최강 미군도 아무런 쓸모가 없습니다. 아니 어쩌면 그냥 쓸모가 없는 정도가 아닐지도 모르겠습니다. 세계 최강 군대이기 때문에, 다시 말하면 세계에서 가장 많은 무기를 만들고 소비하는 나라이기 때문에 미국 내에도 총기가 넘쳐나지 않을까요?

911테러도 마찬가지입니다. 테러범들은 절대 용서하면 안 될 범죄자들이고 그들의 행동은 이해할 구석이 하나도 없지만, 미국이 전 세계에서 수행한 무수한 전쟁에 테러가 연결되어 있지 않을까요? 공군 준령으로 베트남 전쟁에 참여했던 로버트 바우먼 가톨릭 주교는 911테러 3년 전, 예언과도 같은 글을 남겼다고 합니다.

그들이 우리를 증오하는 것은 우리가 민주주의를 실천하거나 자유를 소중히 여기거나 인권을 옹호하기 때문이 아니다. 그들이 우리를 증오하는 것은 우리의 정부가 제3세계 국민들로부터 이런 가치들을 박탈하고 우리의 다국적기업들이 그 나라들의 자원을 턱없이 탐내기 때문이다. 우리가 씨를 뿌린 그런 증오는 테러리즘이라는 형태로 우리의 주위를 배회하기에 이르렀다.

— 하워드 진, 《미국민중사2》, 560쪽

강한 군사력을 바탕으로 경제적, 정치적 압력을 행사하는 미국의 대외 정책이 테러를 유발했다는 이야기입니다. 적어도 테러리스트들에게는 좋은 구실이 되었겠죠. 그렇다면 강한 군대와 넘쳐나는 무기가 평화와 안보를 지키는 것이 아니라 반대로 평화와 안보를 해치지는 않는지 진지하게 생각해봐야 합니다.

안보 개념의 변화:
국경선을 지키는 국가에서 사회안전망을 구축하는 국가로

옛날에는 안보라고 하면 총칼을 들고 외국 군대로부터 국경선을 지키는 것이었습니다. 중국의 만리장성이나 고려가 북방 민족을 대비해 쌓은 천리장성을 떠올려보면 이해가 쉽죠. 한반도를 가르고 있는 철조망 DMZ도 마찬가지입니다.

하지만 시대가 바뀌면서 전쟁의 양상은 차츰 변했습니다. 특히 과학기술의 급격한 발전과 함께 전쟁의 양상이 급속도로 바뀌었는데, 100년 전인 제1차 세계대전 때는 참호전이 대세였습니다. 참호전은 서로 적대하는 두 군대가 전선을 이루고 길게 참호를 파고 들어가서 교전하는 형태를 말합니다. 군인들은 참호에 숨어서 서로 공격하다가 옆의 동료가 죽으면 참호 밖이나 구석진 곳으로 시신을 치우고 계속 전쟁을 이어갔습니다. 그야말로 군인의 목숨을 갈아 넣는 방식으로 전쟁을 했죠.

제2차 세계대전 때는 전투기의 등장으로 폭격이 시작되었습니다. 독일은 전격전이라는 전술로 유럽의 절반을 순식간에 점령했는데, 독일이 자랑하는 전차부대에 앞서 독일 공군의 비행기 부대가 폭격을 감행했습니다. 연합군 또한 비행기를 이용한 폭격을 감행했습니다. 히로시마와 나가사키에 원자폭탄을 떨어뜨린 것도, 독일 드레스덴을 무차별 폭격해 하루 만에 도시를 폐허로 만든 것도 연합군의 전투기였습니다.

21세기에도 여전히 참호와 전투기가 전쟁에서 쓰이지만 비중이 예전 같지 않습니다. 대신 드론과 같은 무인항공기와 대륙간탄도미사일(ICBM) 같은 최첨단 무기들이 전쟁을 주도해나갑니다.

이런 상황이다 보니 총칼과 탱크로 국경선을 지키고 서 있는 것이 큰 의미가 없게 되었습니다. 만리장성을 쌓고 국경선 지켜봤자, 군용으로 보이지 않는 드론 혹은 먼 거리에서 쏘는 대륙간탄도미사일로 가볍게 국경선을 넘을 수 있기 때문입니다. 이제 철조망과 총, 탱크와 미사일 같은 전통적인 군사 안보 수단만으로는 평화와 안보를 지킬 수 없게 된 것이죠.

쓸모없어진 것보다 더 큰 문제는 전통적인 방식의 군사 안보는 민주주의를 파괴하는 등 부작용도 많다는 사실입니다. 20세기 이후 전쟁의 양상만 변한 것이 아닙니다. 시민들의 정치적 위상, 욕구가 변했고, 국가의 성격이나 정부의 역할도 급격하게 변해가고 있습니다. 20세기, 특히 초반에는 사람들의 삶을 위협하는 요소가 전통적인 의미의 군사적 침략인 경우가 많았습니다. 제국주의 국가들은 경쟁하듯 다른 나라를 침략해 지배하거나 식민지로 삼았습니다. 한국처럼 식민지를 겪고, 현대전의 전쟁터가 된 경험이 있는 나라에서는 군사적 충돌에 대한 공포가 남다를 수밖에 없습니다.

하지만 지금은 전쟁이 아닌 다른 것들이 우리의 삶에 더 큰 위협으로 다가옵니다. 북한의 핵무기보다 코로나19가 더 무섭습니다. 북한의 미사일보다 포항 지진 같은 예측 불가능한 자연재해나 세월호 참사 같은 사회적 재난이 시민들의 안전과 평화를 더 위협합니다.

그러니 국가가 요구받는 역할도 달라지는 것이 당연합니다. 조선의 임금은 백성들이 왜구나 오랑캐의 침략과 약탈로부터 안전할 수 있도록 강한 군사력으로 국경선을 굳건히 지키는 것이 중요한 의무였다면, 대한민국의 대통령에게는 자연재해나 사회적 재난에 마주했을 때 국민의 생명과 안전을 지키고 피해를 최소화하며 무너진 삶을 다시 일으켜 세울 수 있는 사회안전망을 구축하는 게 더 중요할 수 있습니다. 안보의 개념이 달라지고, 안보에서 중요한 내용이 바뀌어가고 있는 거죠. 군사력에 기반한 전통적인 안보 개념에 대비되는 최근의 이런 새로운 흐름을 '인간 안보', '사회적 안보', '대안 안보' 등 다양한 이름으로 부르기도 합니다.

군사 안보는 더 이상 대안이 아니다

물론 평화적 수단에 기반한 새로운 안보 개념들은 아직까지는 부족한 면이 많습니다. 어느 정도 논리적 짜임새를 갖추더라도 완벽한 대안이라고 할 수 없을지도 모릅니다. 하지만 어느 한 가지의 방식, 한 가지의 대안만으로는 전쟁과 폭력을 근절할 수 없습니다. 전통적인 군사 안보 방식을 한 번에 없앨 수는 없습니다. 저는 당연히 군대가 없는 세상을 꿈꾸지만, 지금 당장 군대를 없애는 것은 훨씬 복잡한 문제입니다. 물론 코스타리카처럼 군대가 없는 나라도 있습니다. 그런 나라는 역사적 맥락 속에서 나름의 안보 개념과 방법을 찾다 보니 그 결과 군대 없는 나라가 된 것이지, 도깨비 방망이로 어느 날 갑자기 뚝딱 군대를 없앤 것이 아닙니다. 평화와 안보를 위한 다양한 방법이 필요합니다. 국가 주도의 노력도 계속하고, 시민 사회가 중심이 되어 전쟁에 맞서는 것도 중요합니다. 이런 것들이 한데 어우러져야 새로운 안보 개념이 도출되겠죠.

분명한 사실은 우리는 지금까지 평화와 안보를 지키는 일을 군사적 수단에 크게 의존해왔다는 겁니다. 그리고 그 방식은 명백하게 실패했습니다. 그냥 실패한 게 아니라 그 과정에서 너무 많은 사람이 죽고 다쳤습니다. 전쟁 준비 때문에 쫓겨나고, 전쟁으로 죽고 다치고, 전쟁이 끝난 뒤에 찾아온 지독한 가난으로 죽음에 내몰렸습니다. 너도 나도 강력한 군대를 가지려고 노력한 결과, 가난한 나라의 사람들은 자신의 고향 땅이 전쟁터가 되어 난민으로 내몰리고, 부자 나라의 사람들은 테러를 걱정하며 살아갑니다. 또한 군사 안보의 많은 영역은 군사 기밀이라는 이유로 비밀스럽게 이루어지기 때문에 민주주의와 충돌하는 경우가 많습니다. 방산 비리가 끊이지 않는 것도 이러한 폐쇄성 때문입니다. 심하면, 군부가 국가 권력을 장악해 독재를 하기도 합니다. 우리나라도 오랫동안 군사 독재를 겪었고, 여전히 이런 나라들이 지구상에는 많이 있습니다.

강한 군대로 평화를 지킨다는 군사 안보는 전쟁을 막지도 못했고, 피해를 줄이지도 못했고, 때로는 전쟁과 테러의 원인이 되었습니다. 이 명백한 실패를 우리는 인정해야 합니다. 실패를 인정한 뒤 다른 시도, 다른 노력으로 다른 가능성을 만들어야 합니다.

모두를 위해
소수가 희생하는 게
합리적이지 않나요?

마블의 영화 〈어벤져스〉 시리즈의 타노스는 아주 독특한 세계관을 가진 악당입니다. 우주에 인구가 너무 많아 다 같이 굶주리게 되니, 절반을 희생시켜 나머지 절반을 살리는 게 낫다고 생각합니다. 우주의 절반을 한 번에 없애기 위해 인피니티 스톤을 모으는 타노스가 마지막 마인드 스톤을 찾기 위해 지구에 쳐들어옵니다. 마인드 스톤은 어벤져스의 멤버인 비전의 이마에 박혀 있습니다. 어벤져스는 타노스를 막고 지구를 지키기 위해 필사적으로 싸웁니다. 하지만 타노스의 압도적인 힘에 어벤져스는 점점 궁지에 몰리고, 이대로 가면 인피니티 스톤을 빼앗기고 우주의 절반이 가루가 되어 사라질 위기에 처합니다. 그때 누군가 마인드 스톤을 파괴하자고 합니다. 마인드 스톤을 파괴하면 비전은 죽겠지만, 우주의 절반은

살해당하지 않을 수 있습니다. 어벤져스의 리더 캡틴 아메리카는 단호하게 대답합니다. "우리는 생명을 거래하지 않아(We don't trade lives)."

타노스는 결국 어벤져스의 저항을 뚫고 비전의 이마에 박힌 마인드 스톤을 빼앗습니다. 인피니티 스톤을 다 모은 타노스는 자신의 뜻대로 우주의 절반을 사라지게 만듭니다. 비전을 희생시켜 우주의 절반을 구하는 게 더 나은 선택이었을까요? 캡틴 아메리카의 선택은 잘못이었을까요?

얼핏 생각하면 한 명을 희생해서 지구 인구 절반, 아니 우주 인구 절반을 살리는 게 합리적인 선택으로 보이기도 합니다. 사실 타노스의 생각도 비슷한 논리입니다. 전체를 구할 수 없다면 일부를 희생시켜 나머지를 구하자는 생각이지요. 하지만 생명의 가치에 경중을 따지는 건 캡틴 아메리카의 신념에 어긋나는 일이었습니다. 그는 인구 절반을 희생시켜 나머지 절반을 구하는 것도, 한 명을 희생시켜 인구 절반을 구하는 것도 받아들이지 않습니다. 그렇다고 압도적인 힘 앞에서 굴복하거나 포기하지도 않습니다. 할리우드 영화 주인공답게 최선을 다해 타노스와 맞섭니다.

우리는 캡틴 아메리카의 결연한 의지와 굳은 신념에 대해 의심하지 않고 어벤져스의 승리를 바라게 됩니다. 하지만 영화관 밖으로 나오면, 비전 정도가 아니라 어벤져스를 통째로 희생시켜서라도 타노스와의 전쟁에서 승리를 거두려는 선택을 흔히 마주하게 됩니다. 소수를 희생시키는 것이 합리성으로 둔갑하거나 어쩔 수 없는 일로 치부되기도 합니다. 몇 가지 사례를 살펴보겠습니다.

피난민을 희생시켜 인민군의 진격 속도를 늦춘 한국군: 영화 〈웰컴 투 동막골〉

1950년 6월 25일 새벽, 북한 인민군이 38선을 넘어 남쪽으로 진격해오기 시작합니다. 제2차 세계대전이 끝난 지 채 5년도 되지 않은 시점에서 또다시 큰 전쟁이 시작된 거죠. 물밀듯이 밀려오는 북한의 인민군을 한국의 국군은 막아낼 재간이 없었습니다. 이승만 대통령을 비롯한 정부의 주요 인사들은 이미 도망쳤고 사람들은 뒤늦게 피난길에 올랐습니다. 지금처럼 도로가 많은 시절도 아니라 서울의 주요 도로는 가재도구며 옷가지 등을 짊어지고 나선 피난 행렬로 가득 찼습니다.

한강 북쪽에서 피난길에 오른 서울 시민들은 한강을 건너기 위해 한강철교로 모여들었습니다. 호텔이나 모텔도 없던 시절이고, 요즘처럼 간편한 캠핑용품도 없을 때였으니 피난 길이 얼마나 고됐을까요. 이불과 옷가지, 밥 지을 솥과 간단한 식재료를 바리바리 짊어진 피난 인파로 한강철교는 순식간에 가득 찼습니다. 핼러윈의 이태원, 크리스마스의 명동성당, 출근길의 신도림역만큼 붐볐겠죠.

이때 한국군은 거세게 밀고 내려오는 인민군의 추격 속도를 늦추기 위해 피난민이 가득 찬 한강철교를 폭파합니다. 국민의 생명과 재산을 지켜야 하는 군대가 수백 명의 자국민을 살해한 것입니다. 지금이라면 다리를 폭파하더라도 지나는 사람을 통제한 뒤 폭파했겠지요. 지금 우리 상식으로 생각해보면 이해할 수도 없고 절대 일어나서는 안 되는 일이지만, 당시에는 전쟁 중이라는 이유로 이런 비극적인 일이 아무렇지 않게 일어났습니다. 당시 한강철교를 폭파하라는 명령을 내린 사람은, 다리 위의 피난민을 희생시켜서라도 한강 이남의 국민들을 지킬 수 있다면 합리적인 선택이다 혹은 불가피한 희생이다 생각했을지도 모릅니다.

한강철교 폭파는 영화 〈웰컴 투 동막골〉에서 중요한 사건으로 등장합니다. 전쟁이 일어난지도 모를 정도로 두메산골인 동막골에 길을 잃은 인민군과 탈영한 한국군, 비행기 추락한 미군이 한데 모이게 되고, 서로 총부리를 겨누다가 순박한 동막골 주민들에 감화되어 서로를 이해하게 된다는 스토리입니다. 영화에서 한국군의 표현철 중위(신하균 분)가 군대를 탈영한 이유가 바로 한강철교 폭파 때문입니다. 상관으로부터 피난민 가득한 다리를 폭파하라는 명령을 받은 표현철 중위가, 다리 위에 사람들이 가득한데 어떻게 폭파하냐고 무전기에 대고 따집니다.

영화에서도 현실에서도 한강철교는 폭파됩니다. 한강철교 폭파로 북한 인민군의 진격 속도를 조금 늦추기는 했겠지만 전쟁은 그 이후로 3년 동안 이어졌습니다. 역사에 가정은 없으니, 한강철교를 폭파하지 않았더라면 인민군이 순식간에 한반도를 점령했을지, 아니면 다리를 폭파하지 않았더라도 전쟁이 지난하게 몇 년 동안 이어졌을지 아무도 알 수 없습니다. 우리가 알 수 있는 것은 자국민을 수백 명 희생시킨 뒤로도 전쟁이 3년이나 더 지속되었다는 사실입니다.

전쟁 준비에 희생을 강요당하는 지역 주민들:
대추리와 도두리, 강정 마을, 소성리

많은 사람들이 한순간에 갑자기 죽어나가는 일이 일상인 전쟁의 한복판에서는 이처럼 누군가의 생명을 앗아가는 일이 필요한 희생으로 미화되거나 아무렇지 않게 당연하게 일어나곤 합니다. 하지만 전쟁 시기가 아닐 때도 전쟁 준비에 필요하다며 모두의 평화를 핑계 삼아 소수의 희생을 강요하는 일은 비일비재합니다. 그 희생이 전쟁처럼 죽음까지 이르는 경우는 많지 않지만 수십 명, 수백 명의 삶을 송두리째 파괴하는, 결코 가볍게 볼 수 없는 희생들입니다.

경기도 평택에 대추리와 도두리라는 마을이 있습니다. 가수 정태춘의 고향이기도 하고, "바람이 머물다 간 들판에, 모락모락 피어나는 저녁 연기"라는 노랫말로 시작하는 동요 〈노을〉의 배경인 마을입니다. 대추리 마을은 50년이 살짝 넘는 기간 동안, 주민들이 군대에 땅과 집을 빼앗기고 쫓겨나는 일이 세 번이나 반복된 슬픈 역사를 가지고 있습니다. 일제강점기 때 일본 군대의 기지가 마을에 들어서면서 쫓겨나고, 해방 이후에 미군정의 비행장 터가 마을에 들어서면서 또 한 번 쫓겨났습니다. 그 뒤 미군기지 옆에 마을을 만들어 살았는데, 전투기 소음과 미군부대의 범죄로 하루도 편할 날 없이 살아 왔습니다.

그러다가 2000년대 들어서서 결국 미군기지 공사를 강행하는 한국 정부에 쫓겨났습니다. 주한미군의 전략 방침이 바뀌면서 전국의 미군이 평택으로 집결하게 되는데, 군사기지

강제 이주당한 새 대추리에 지어진 '대추리 역사관' 내부.
대추리 주민들이 국가 안보를 핑계 삼아 강요당한 희생과 저항의 역사를
기록한 공간입니다.

확장을 위해서 한국 정부가 대추리와 도두리 주민들이 살던
집과 농사짓던 땅을 빼앗았습니다.

일제강점기 때나 해방 이후에 쫓겨난 것은 다른 나라 군대
인 데다 식민지 시기 혹은 정부가 아직 제대로 들어서기 전
이니 그럴 수 있다 치더라도, 민주정부가 들어선 2000년대
에 군사기지 확장 때문에 쫓겨나야 한다는 것을 대추리, 도두
리 주민들은 납득할 수 없었습니다. 더구나 대추리와 도두리
는 국가가 제 역할을 하지 못하는 가운데 주민들이 스스로

공동체를 만들어서 온갖 정성과 노력을 쏟아온 마을이었습니다. 바닷물이 들던 땅을 스스로 간척해 소금물 빼가며 비옥한 농토로 일구었고, 자식들이 멀리 학교 다니는 게 안쓰러워 마을 사람들이 직접 학교까지 지어 교육청에 기증을 했으니 그야말로 피와 땀과 눈물이 배어 있는 땅입니다. 그러니 마을에 대한 애정과 소속감이 남다를 수밖에요.

대추리, 도두리 마을 주민들은 평화활동가들, 인권활동가들과 함께 강하게 저항했습니다. 하지만 한국 정부는 끝까지 대추리, 도두리 주민의 희생을 강요했습니다. 경찰과 군대까지 동원해 대추초등학교를 부수고 농지를 파괴했습니다. 대추리 주민들은 결국 정든 고향 땅을 떠날 수밖에 없었죠.

비단 대추리와 도두리에서만 일어난 일이 아닙니다. 최근 30년 동안 일어난 일만 손꼽더라도 주한미군의 사격장이 있던 경기도 화성시 매향리와 파주시 무건리, 한국군의 해군기지가 들어선 제주도 서귀포의 강정 마을, 사드 포대가 배치된 경북 성주군 소성리에서 국가 안보를 이유로 주민들이 쫓겨나거나 피해를 입는 일이 거듭 발생하고 있습니다. 전투기 소음 때문에 청력에 손실을 입고, 총기 오발 사고로 죽고 다치고, 군인들이 일으키는 범죄의 희생자가 되기도 합니다. 군부대의 오염물질 배출로 농작물이 피해를 입기도 하고요. 게다가 이런 일들을 오래 겪다 보니 군부대 주변 주민들은 보통의 경우보다 훨씬 높은 확률로 우울증에 걸리기도 합니다. 대추리처럼 끈끈한 관계를 맺어온 이웃공동체가 갑자기 해체되거나, 제주 강정 마을처럼 형님 누님 동생 하며 지낸 마을공동체가 갈가리 찢어지기도 합니다. 눈에 보이지 않는 피해까지 따지자면 희생의 규모는 눈덩이처럼 불어납니다.

우리나라에서만 일어나는 문제도 아닙니다. 주일미군의 80%가 주둔해 있는 오키나와는 미군부대와 연관된 사건 사고로 많은 주민들이 죽거나 다치고, 주변 환경 및 동물들의 서식처가 오랜 세월 파괴되어왔습니다. 한반도의 평화를 위해 대추리와 매향리, 무건리 주민들이 희생해야 했던 것처럼, 일본 본토의 평화를 위해 오키나와 사람들은 일방적으로 희생을 강요당해왔습니다.

다수를 위한 소수의 희생 강요는 정당한가:
영화 〈설국열차〉, 소설 〈오멜라스를 떠나는 사람들〉

다수를 위해 소수에게 희생을 강요하는 일이 꼭 안보나 평화 분야에서만 일어나는 것은 아닙니다. 봉준호 감독의 영화 〈설국열차〉에서, 영화의 공간이자 중요한 세계관인 '설국열차'는 영구동력기관으로 움직입니다. 하지만 엔진에 치명적인 결함이 있어서, 이를 해결하기 위해 꼬리칸의 어린아이들을 부품처럼 소모합니다. 아이의 희생은 열차에 탄 다른 사람들의 생존과 머리칸의 풍요를 위해 어쩔 수 없는 것으로 치부되죠. 세계의 지속을 위해 누군가 희생해야만 한다면 우리는 어떤 선택을 할 수 있을까요? 사실 이건 굉장히 어려운 문제입니다. 캡틴 아메리카처럼 "우리는 생명을 거래하지 않아"라고 단호하게 말할 수 있다면 좋겠지만 현실은 더 복잡합니다. 꼬리칸의 아이를 희생시키지 않으면 모두가 죽는 상황에서, 우리가 설국열차를 만든 윌포드라면 어떤 결정을 내릴 수 있을까요?

어슐러 K. 르귄의 단편소설 〈오멜라스를 떠나는 사람들〉은 마치 이분법처럼 단 두 가지의 나쁜 선택지만 놓인 상황에서 우리가 인간으로서 겪는 고뇌를 다루고 있습니다. 오멜라스는 우리가 상상할 수 있는 최고의 유토피아입니다. 물질적으로 풍요로우면서도 그곳의 주민들은 로마의 귀족처럼 풍요 속에 잠식되지 않고 창의적이고 철학적입니다. 불의에 분노하고, 춤과 노래와 시를 사랑하고, 축제를 즐기며, 사유와 토론이 일상적으로 일어나는 곳입니다. 주민들 모두가 풍요로운 삶에 만족하면서도 자신들의 부족한 점을 성찰하며 살아갑니다. 그런데 오멜라스의 어느 건물 지하, 햇볕도 들지 않고 창문도 없는 습한 방에 열 살쯤 되는 아이 한 명이 갇혀 있습니다. 옥수수 가루와 기름 반 그릇으로 하루를 버티는 그 아이를 오멜라스의 주민들은 일생의 어느 시점에 한 번은 봐야 합니다. 하지만 아무도 그 불쌍한 아이를 그곳에서 빼내려 하지 않습니다. 그 아이의 처지가 바로 오멜라스가 누리는 풍요와 행복의 조건이기 때문입니다. 이유는 모르지만 아이를 지하실에서 구출한다면 오멜라스가 누리는 풍요는 사라집니다. 아이의 처지를 처음 접한 사람들은 대부분 분노하지만 이내 그 아이를 잊고 살아갑니다.

이 사실을 받아들일 수 없는 소수의 사람들만이 깊은 고민에 빠집니다. 아이를 그대로 둘 수는 없고, 그렇다고 아이를 구출해서 오멜라스 사람들의 풍요를 빼앗을 수도 없으니까요. 결국 그들은 고결하고 풍요롭고 행복한 삶을 뒤로하고 오멜라스를 떠납니다. 이 소설 또한 우리에게 명확한 정답을 제시하지는 않습니다. 아니 어쩌면 정확한 답이 없는지도 모릅니다. 어려운 문제이지만 우리는 이 질문을 외면할 수도 없고 외면해서도 안 됩니다. 외면하는 게 옳지도 않고, 따져보면 우리에게 큰 이득을 안겨주지도 않기 때문입니다.

모두의 평화를 위해 누군가를 희생시키거나, 누군가의 희생을 당연하게 여기는 것은 크게 두 가지 면에서 문제입니다.

첫 번째로 현실적인 이유입니다. 과연 희생을 강요한다고 평화가 지켜질까요? 혹은 전쟁에서 승리할 수 있나요? 피난민들을 희생시키고 한강철교를 폭파했지만 전쟁은 3년 동안 이어졌습니다. 희생으로 평화를 지킬 수 있다면 매향리와 대추리 주민이 희생했는데 왜 계속 평화롭지 못하고, 또다시 평화를 위해 강정 마을 주민들이, 소성리 주민들이 희생해야 한다고 하는 걸까요? 희생해야 하는 이들의 목록은 언제쯤 끝날 수 있을까요?

결국 소수의 희생으로 평화를 지키거나 전쟁에서 승리할 수 있다는 말은 전쟁을 주도하는 권력층의 거짓말이거나 혹은 심각한 오판입니다. 아주 높은 확률로, 희생은 희생으로 끝나고 또 다른 희생을 강요하는 순간이 오고 전쟁은 지속되고 평화는 위협받게 됩니다. 매향리 다음에 대추리가, 그다음에 강정 마을이, 또 소성리가 희생되는 것처럼요.

평화는 모두에게 똑같지 않다:
영화 〈아버지의 깃발〉과 〈이오지마에서 온 편지〉

두 번째 이유는 좀 더 근본적이고 정치적입니다. '모두의 평화'라는 게 과연 존재할까요? 앞서 "평화는 당파적이고 논쟁적인 개념"이며 "고정불변의 가치가 아니라 다양한 개념과 해석이 충돌하고 논쟁하는 장"이라고 이야기했습니다. 평화는 각기 다른 얼굴, 무수히 많은 얼굴을 가지고 있습니다.

할리우드의 명배우이자 감독인 클린트 이스트우드(Clint Eastwood)는 2006년 두 편의 영화를 선보입니다. 두 편 모두 제2차 세계대전 당시 이오지마에서 벌어진 미군과 일본군의 전투를 다루는데, 주인공이 다릅니다. 〈아버지의 깃발〉은 미국 군인들이 주인공이고, 〈이오지마에서 온 편지〉는 일본 군인들이 주인공입니다. 이 두 편의 영화는 각각도 훌륭한 영화이지만, 두 편을 같이 봐야 이 영화들이 진짜 하고 싶은 말이 무엇인지 알 수 있습니다. 보통 전쟁 영화들은 관객들이 감정을 이입하는 우리 편이 있고, 적군은 나쁘게 묘사하죠. 그러나 〈아버지의 깃발〉과 〈이오지마에서 온 편지〉는 적군을 악마화하는 데 관심이 없습니다. 한 영화의 적군이 다른 영화에선 주인공입니다. 서로를 악마화하는 대신에 전쟁에 휩쓸린 개인들을 보여주고, 서로 적대하는 양 진영의 사람들에게 전쟁이란 과연 무엇인지를 생각하게 합니다.

이 두 편의 영화를 같이 보고 나면, 전쟁을 선과 악의 대립으로만 보지 않을 수 있고, 누구의 위치에서 누구의 시선으로 바라보느냐에 따라 전쟁의 모습이 달라진다는 것을 알 수 있습니다. 클린트 이스트우드의 영화가 보여주는 것은 미국과 일본, 서로 다른 국적에서 바라본 전쟁입니다.

전쟁에서 위치를 결정짓는 기준이 국적만 있는 건 아닙니다. 같은 일본인 안에서도, 같은 미국인 안에서도 각자의 처지에 따라 전쟁의 다른 얼굴을 마주합니다. 베르톨트 브레히트(Bertolt Brecht)의 시 〈앞으로 일어날 전쟁은〉은 바로 이 지점을 보여줍니다.

앞으로 일어날 전쟁은

첫 번째 전쟁이 아니다. 그 이전에도

이미 여러 차례 전쟁이 일어났었다.

지난번 전쟁이 끝났을 때

승전국과 패전국이 있었다.

패전국에서 하층 서민들은

굶주렸다. 승전국에서도 역시

하층 서민들은 굶주렸다.

우리의 정체성은 국적, 인종, 계급, 젠더, 나이, 사는 지역, 학력 등이 다양하고 복잡하게 교차하며 만들어집니다. 각각이 하나의 렌즈라고 생각해봅시다. 사람들은 어떤 일을 바라

볼 때, 다양하게 교차하는 여러 렌즈 가운데 한 개 혹은 여러 개로 그 일을 바라봅니다. 무수한 렌즈 조합이 가능하겠죠. 서로 다른 렌즈로 바라보면 당연히 다르게 보입니다. 겹치는 렌즈가 많다면 바라보는 시선이 비슷하겠지만 그때도 어느 자리에서 보느냐에 따라 다릅니다. 전쟁을 바라볼 때도, 평화를 생각할 때도 마찬가지입니다.

브레히트의 시는 '계급'이라는 렌즈로 전쟁과 평화를 바라보고 있습니다. 가난한 사람에게는 그가 어느 나라 사람이든, 전쟁은 그에게 굶주림을 뜻합니다. 어떤 사람에게는 '국적'이라는 렌즈보다 '계급'이라는 렌즈가 전쟁의 얼굴을 결정짓는 기준이 됩니다.

젠더에 따라서도 전쟁을 다르게 경험합니다. 전쟁은 늘 가난한 사람을 착취해서 부자들의 배를 불려주지만, 전쟁이 가난한 여성과 가난한 남성을 착취하는 방식은 다릅니다. 군사기지 주변에는 이른바 '기지촌'이라는 이름의 성매매 밀집 지역이 형성되어 있는 경우가 많습니다. 이곳에서 일하는 여성들은 주로 자국의 가난한 여성들과 가난한 나라의 이주 여성들입니다. 전쟁은 가난한 여성들의 섹스 노동을 착취하면서 유지됩니다. 또한 가난한 남성들은 보통 군대에 끌려가서 전투를 수행합니다. 그 극단에 놓인 이들이 소년병입니다. 소년병은 국제법상 위법이지만 버젓이 존재합니다. 유엔아동기금(UNICEF)에 따르면 1990년대에는 전 세계에 약 30만 명 정도의 소년병이 있었고, 20세기 들어 숫자가 줄긴 했지만 아직도 10만 명가량 존재한다고 합니다. 가난한 이들이 전쟁의 소모품이 되는 것은 남녀가 다를 바 없지만, 그 양상과 방법은 이처럼 다릅니다.

전쟁의 의미가 다른 것처럼 평화의 의미도 달라집니다. 모두를 위한 평화는 존재하지 않습니다. 사람들은 저마다의 계급, 젠더, 인종, 국적, 나이에 따라 서로 다른 평화를 염원합니다. 911테러를 겪은 미국인에게 평화란 테러가 일어나지 않는 상황을 의미할 수 있겠죠. 반면 이라크인에게 평화란 '미군이 없는 나라'를 의미할지도 모릅니다. 미국인이라고 하더라도 다 같은 평화를 염원하는 것은 아닙니다. 미국에 사는 흑인 남성이라면 테러로 죽는 일보다 경찰에게 목을 눌려 사망한 조지 플로이드처럼 경찰에 죽임당하는 것을 더 걱정할 수도 있습니다. 그에게 평화는 경찰 폭력이 없는 세상일 겁니다. 미국에 사는 여성은 흑인 남성과는 또 다른 평화를 염원할 것이고, 흑인 여성은 백인 여성이나 흑인 남성과는 다른 평화를 바랄 것입니다. 이처럼 평화의 얼굴도 전쟁의 얼굴과 마찬가지로 다양한 정체성, 상황, 맥락이 복잡하게 교차하며 수천수만 가지 얼굴로 나타납니다.

결국 소수의 희생을 정당화하는 '모두의 평화'는 존재하지 않는 허구적인 개념입니다. 우리는 평화가 하나의 얼굴이 아니라는 사실을 받아들여야 합니다. 전쟁의 다양한 얼굴들, 평화의 다양한 얼굴들을 파악할 때 비로소 전쟁의 복잡한 원인과 구조를 이해할 수 있고, 평화의 작동 원리에 한 발짝 더 다가설 수 있습니다.

절대악을 몰아내기 위해
불가피한 전쟁도
있지 않나요?

평화를 반대하는 사람은 없습니다. 하지만 평화를 외치더라도 전쟁에 대해서는 생각이 많이 다릅니다. 물론 입으로만 평화를 외치고 속으로는 전쟁을 바라는 사람도 있겠죠. 그런 사람을 제외하더라도, 때론 전쟁이 필요하다거나 피할 수 없다고 생각하는 사람도 많습니다. 평화주의자인 저는 아무리 고상한 이유를 갖다 붙이더라도 모든 전쟁은 정의롭지 못하다고 생각합니다. 전쟁을 일으키는 사람들은 정의롭고 고상한 이유를 이야기하지만, 막상 따져보면 전쟁과 연관이 없거나 과장된 경우가 허다하기 때문입니다.

하지만 모든 전쟁이 정의롭지 못하다는 생각은 구체적인 현실 앞에서 비현실적인 생각 혹은 이상주의로 치부되기도 합니다. "나치 독일이 유대인 수백만 명을 학살하고 전 세계를 지배하려는 야욕을 드러냈는데도 히틀러 앞에서 전쟁은 나쁘다는 하나 마나 한 이야기만 하고 있을 거냐" 혹은 "어느 나라 내전에서 서로가 서로를 잔인하게 학살하고, 특히 어린 이들이 많이 죽거나 다치고 있는데, 군사 개입은 근본적인 해결책이 아니라며 한가한 소리만 하고 있을 거냐" 같은 질문을 받을 땐 사실 한마디로 대답하기 어렵습니다. 평화주의자로서 전쟁이나 군사적 개입을 용인할 수도 없지만, 그렇다고 지금 당장 일어나는 끔찍한 피해를 외면할 수도 없으니까요. 저는 이 질문들이 '좋은 전쟁' 혹은 '필요한 전쟁'이라는 인식과 연결된다고 생각합니다. 과연 좋은 전쟁은 가능할까요? 이 질문에 대해 생각해보려고 합니다.

'좋은 전쟁'은 가능한가:
스페인 내전, 베트남 전쟁, 이라크 전쟁

'좋은 전쟁'이라고 했을 때 우리는 흔히 절대악과 싸우는 전쟁을 생각합니다. 몇 가지 예를 들어보죠.

《동물농장》과 《1984》를 쓴 조지 오웰(George Orwell)은 르포 작가로도 유명합니다. 조지 오웰이 쓴 대표적인 르포 《카탈로니아 찬가》는 스페인 내전에 직접 참가한 조지 오웰의 경험담입니다. 1930년대 유럽은 독일의 나치당과 히틀러, 이탈리아의 무솔리니 같은 파시스트들이 위세를 떨치고 있었고, 민주적인 절차로 공화정이 들어선 스페인에서도 파시스트이자 군인인 프랑코가 쿠데타를 일으켜 공화정부를 전복하려고 했습니다. 스페인의 공화정을 지키기 위해 전 유럽의 공산주의자, 공화주의자들이 함께 연합해서 프랑코와 맞서 싸운 전쟁이 스페인 내전입니다. 조지 오웰도 파시스트와 맞서기 위해 공화파의 일원으로 전쟁에 참가합니다. 조지 오웰을 비롯한 공화파의 많은 사람들은 역사의 진보를 믿으며 좀 더 평등하고 자유로운 세상을 꿈꾸었습니다. 이런 그들에게 파시스트와 맞서는 전쟁은 좋은 전쟁 혹은 필요한 전쟁이지 않았을까요?

인기리에 방영된 미드 〈왕좌의 게임〉 각본에도 참여했고 드라마의 원작인 《얼음과 불의 노래》 작가인 조지 R.R. 마틴(George R.R. Martin)은 베트남 전쟁 때 병역거부를 했습니다. 하지만 마틴이 모든 전쟁을 반대한 건 아니었습니다. 마틴은 훗날 언론 인터뷰에서 자신은 평화주의자는 아니라며, 만약 나치와 싸운 제2차 세계대전이라면 참전했을 것이라고 말합니다. 베트남 전쟁은 미국이 다른 선택을 할 수 있었는데 하지 않은 나쁜 전쟁이지만, 나치 독일과 싸운 제2차 세계대전은 필요한 전쟁이었고 세계를 파시스트들로부터 구한 좋은 전쟁이라는 생각입니다. 많은 사람들이 마틴과 비슷하게 생각할 겁니다. 정말로 파시스트 나치와 싸운 제2차 세계대전은 좋은 전쟁이었을까요?

최근 사례인 2003년 미국의 이라크 침공을 살펴보겠습니다. 2003년 3월 20일 미국의 조지 W. 부시 대통령은 이라크를 침공하면서, 독재자인 사담 후세인을 쫓아내고 이라크에 민주적인 정권을 세우기 위해 전쟁이 불가피하다고 말했습니다. 이라크가 테러리스트 빈라덴을 보호하고 있다는 말과, 대량살상무기를 숨기고 있다는 말도 덧붙였습니다. 종합하자면 이라크 국민들의 민주주의를 위해, 그리고 세계 평화를 위협하는 대량살상무기를 없애고 테러리스트의 활동을 막기 위해 꼭 필요한 전쟁이라는 말입니다.

물론 지금은 이라크 전쟁을 좋은 전쟁이라고 생각하는 사람은 거의 없습니다. 대량살상무기는 발견되지 않았고, 빈라덴도 이라크와는 큰 연관이 없었습니다. 오히려 빈라덴과 그의 조직이 밀접한 연관을 맺고 있는 나라는 중동에서 미국의 최우방인 사우디아라비아라는 사실을 미국도 모르지 않았습니다. 사담 후세인이 독재자인 건 맞지만, 미국의 이라크 침공이 이라크 국민들의 민주주의를 위한 게 아니었음을 미군도 이라크 국민도 너무나 잘 알고 있었습니다. 미군은 이라크에서 점령군으로 행세했고, 후세인을 쫓아낸 이후 민주적인 정권을 세우는 일에도 무심했습니다. 전쟁으로 생긴 혼란을 틈타 IS 같은 극단적인 세력이 성장하는 것도 방치했습니다. 전쟁을 일으킨 원인도, 전쟁 과정도, 전쟁 이후 결과와 대처에 있어서도 미국의 이라크 침공은 이라크 국민의 민주주의와는 거리가 멀었습니다.

제2차 세계대전은 좋은 전쟁이었을까

반면 나치와 싸운 제2차 세계대전은 이라크 전쟁보다는 판단하기 조금 어렵습니다. 후세인의 독재가 이라크와 그 주변국들에 영향을 미치는 정도였다면, 히틀러와 나치에 의한 전쟁은 유럽 대륙 전체와 유럽 제국주의 국가의 식민지들까지 휩쓸렸으니 규모가 훨씬 컸습니다. 또한 악명 높은 나치의 인종주의와 유대인 절멸수용소는 나치의 악랄함을 보여주기에 충분했습니다. 그 때문에 많은 사람들이 제2차 세계대전을 파시즘, 전체주의, 인종주의, 대량학살, 군국주의와 맞서 싸운 민주주의와 자유세계의 승리라고 기억합니다.

하지만 이런 일반적인 인식에 질문을 던지는 사람들도 있습니다. 역사학자이자 정치학자인 자크 파월(Jacques R. Pauwels)은 다음과 같은 질문을 하고 답을 추적합니다.

"왜 그렇게도 많은 미국의 유력자들이 전쟁 전에는 파시즘에 호의적이었을까? 미국이 나치 독일에 대항해 민주주의를 지지하기로 결심하고 나서기까지 왜 그렇게 오래 걸렸던 걸까?"

—《좋은 전쟁이라는 신화》, 14쪽

자크 파월의 연구에 따르면 미국의 금융기관과 거대 기업들은 1930년대 내내 독일의 파시스트들과 매우 가까운 관계를 유지했습니다. 미국 기업들이 나치와 히틀러를 좋아한 데는 여러 가지 이유가 있습니다. 히틀러가 노동조합을 탄압하고 무력화시킨 것도 미국 기업들에겐 중요했고, 나치당의 경제 정책이 전쟁에 집중된 구조라는 점이 특히 미국 기업들의 구미를 당겼습니다. 독일군에 무기와 전쟁 물자를 공급하는 것이 일반 물자를 생산하는 것보다 훨씬 더 수익성이 높았기 때문이죠. IBM, 포드, 제너럴 모터스, 스탠더드 오일, 코카콜라 등 많은 미국 기업이 나치와 협력하며 독일에서 막대한 돈을 벌었습니다. 조지 W. 부시의 할아버지인 프레스콧 부시도 독일 정부의 채권을 미국 금융시장에 판매해서 돈을 벌었고, 이 돈은 그의 아들이자 걸프전 당시 미국 대통령이었던 조지 H.W. 부시가 석유 사업을 시작하는 자금이 되었습니다.

미국 기업들은 독일이 전쟁을 일으키고 수행할 수 있는 힘이 되어주었습니다. 미국 기업의 조력이 없었다면 나치는 탱크, 비행기, 트럭을 생산할 수 없었고, 무엇보다 독일이 자랑한 전격전의 필수품이면서 독일에서는 나지 않는 고무와 석유를 구할 수 없었을 겁니다. 지금 우리 상식으로는 미국의 기업가들이 어떻게 나치와 같은 인종주의자들과 가깝게 지낼 수 있었는지 의아하지만, 당시 미국 재계의 유력인사 중 다수는 인종주의를 깊이 신봉하던 사람들이었으므로 나치의 인종주의에 별다른 거부감이 없었습니다. 포드 자동차를 설립한 헨리 포드는 흑인을 경멸한 나머지 흑인 음악이라며 재즈까지 싫어했을 정도니까요.

미국의 금융기관과 기업들이 독일과 협력한 것은 사실이지만, 미국이 제2차 세계대전 때 영국, 소련과 동맹을 맺고 나치 독일에 맞서 싸운 것도 사실입니다. 하지만 이는 전쟁이 시작되고 한참 뒤의 일입니다. 1941년 12월 7일 일본이 미국의 진주만을 공격하고, 뒤이어 12월 11일 독일이 미국에 선전포고를 하면서 미국은 갑작스럽게 제2차 세계대전에 참전국으로 끌려 들어갑니다. 자유세계와 민주주의를 지키기 위해 떨쳐 일어나서 파시스트와 싸운 것이 아니라, 뒷짐 진 채 한 발짝 물러서서 전쟁 물자를 팔아먹고 있다가 갑작스레 참전국이 되어 전쟁의 한가운데로 끌려 들어간 거죠.

독일이나 일본뿐만 아니라 미국, 영국, 소련에서도 제2차 세계대전의 양상과 결과는 정의롭고 고상한 역사적 의미와는 거리가 멀었습니다. 제2차 세계대전은 인민의 해방이나 민주주의의 확장과는 상관없이 제국주의 국가들의 팽창과 경쟁의 결과였고, 전쟁을 통해 돈을 벌겠다는 이들의 이전투구였던 셈이죠. 물론 세상일이란 게 좋은 의도가 나쁜 결과로 이어지기도 하고, 반대로 나쁜 의도로 시작한 일이 의외로 과정과 결과는 정의로울 때도 있습니다. 제2차 세계대전 또한 제국주의의 팽창과 돈벌이 때문에 시작되긴 했지만, 파시스트 국가들이 끝내 패배했으니 그 과정이나 결과는 정의롭다고 볼 수 있지 않을까요? 이에 대해 미국의 진보적인 역사학자 하워드 진(Howard Zinn)은 이런 질문을 던집니다.

"전쟁 기간 중 미국이 보인 행동 — 해외에서 벌인 군사행동, 자국의 소수자들에 대한 대우 — 은 '인민의 전쟁'에 부합하는 것이었을까? 이 나라의 전시 정책은 생명과 자유와 행복의 추구라는 전 세계 보통 사람들의 권리를 존중한 것이었을까? 또

전후의 미국은 국내와 해외 정책에서 이른바 이 전쟁이 지키기

위해 싸웠던 가치들을 몸소 보여줬을까?"

—《미국민중사2》, 98쪽

하워드 진의 대답은 단호합니다. 미국은 제2차 세계대전 전에도, 전쟁 중에도, 전쟁 이후에도 자유나 해방, 민주주의를 위한 정책을 펴지 않았습니다. 이탈리아 무솔리니가 1935년 에티오피아를 침공했을 때 미국은 군수품 수출 금지를 선언 했지만, 미국 기업들이 이탈리아에 석유를 수출하는 것을 막 지 않았습니다. 이 석유로 이탈리아의 파시스트는 전쟁을 이 어갈 수 있었습니다. 일본에 대해서도 일본이 중국과 동남아 시아 등지에서 미국의 이익을 침해하기 전까지는 좋은 관계 를 유지했습니다. 파시즘은 미국의 적이 아니었고, 미국 스스 로도 필리핀, 쿠바, 니카라과, 파나마 등지에서 군대를 동원 해 시민들의 민주주의를 탄압한 제국주의 국가였습니다.

미국과 영국에게 제2차 세계대전은 파시스트에 의해 신음 하는 보통 사람들을 위한 전쟁이 아니었습니다. 만약 미국이 나 영국이 인도주의적인 생각을 조금이라도 했다면 히로시 마와 나가사키에 핵폭탄을 투하해서 수십만 명의 사람들을 희생시키지는 못했을 겁니다. (이들 대부분은 민간인이었고, 그

중에는 히로시마 교도소에 전쟁포로로 수감된 미 해군 조종사도 열두 명 있었다고 합니다. 물론 미국 정부는 이 사실을 한 번도 공식적으로 인정한 적이 없습니다.) 그리고 이미 전쟁의 승패가 어느 정도 결정된 1945년 초에 독일의 드레스덴에 폭탄을 쏟아붓지도 않았을 겁니다. 이 공습으로 10만 명이 넘는 사람들이 죽었습니다. 전혀 필요하지 않은 공습이었고, 필요하지 않은 희생이었습니다. 절멸수용소에서 유대인을 집단 학살했던 독일이나, 히로시마와 나가사키 그리고 드레스덴 공습으로 수십만 명을 몰살한 미국과 영국 모두, 전쟁을 수행하는 데 인도주의는 중요한 고려사항이 아니었습니다.

전쟁의 결과 또한 정의롭지 않았습니다. 연합국의 두 축이었던 소련과 미국은 전쟁이 끝난 뒤 민주주의가 확대되는 것에는 관심이 없었습니다. 독일과 일본에 점령되어 있던 폴란드, 그리스, 한국 등 여러 나라에서 토착민들의 민주적인 정부가 들어서는 것을 방해했고, 그 결과 파시스트들이 물러난 자리에 소련과 미국의 이익에 복무하는 좌익 독재정권과 우익 독재정권이 들어섰습니다. 한반도의 북쪽에 김일성의 독재정권이, 남쪽에 이승만의 독재정권이 들어선 것처럼요.

전쟁 이면의 숨은 이해관계를 봐야 한다

제2차 세계대전 이야기를 길게 했는데요, 나치와 파시스트 라는, 누가 봐도 나쁜 놈들과 싸운 전쟁이었고, 그렇기 때문에 정의로운 전쟁이었다는 인식이 넓게 퍼져 있어서 좀 자세히 살펴봤습니다. 결국 제2차 세계대전은 시작도, 과정도, 결과도 정의롭지 못한 전쟁이었고, 파시즘에 맞서 자유와 민주주의를 지켜낸 정의로운 전쟁이라는 서사는 승전국들의 그럴싸한 포장이었습니다.

정도의 차이는 있지만 우리가 알고 있는 대부분의 전쟁에서 그 원인, 과정, 결과는 제2차 세계대전처럼 정의롭지 않습니다. 전쟁에 참여한 이들의 동기가 순수하고 정의로운 경우가 드물게 있긴 하지만 전쟁의 진행 과정과 결과까지 정의로운 경우는 없습니다. 앞에서 예로 들었던 스페인 내전 또한 마찬가지입니다. 민주적인 선거를 통해 수립된 스페인 정부에 대해 파시스트들이 반란을 일으켰을 때, 미국, 소련, 영국, 프랑스 모두 파시스트의 패배나 공화주의자들의 승리에 관심을 두지 않았습니다. 공화파의 의용군 내에서는 자신의 정치적 목적을 내세우는 그룹들 때문에 내분이 일기도 했습니다. 프랑코와 싸우기 전에 자기들끼리 싸운 것이죠.

영화 〈랜드 앤 프리덤〉의 한 장면. 이 총부리가 겨누고 있는 이들은
파시스트들이 아니라, 어제까지 파시스트에 맞서 함께 싸운 이들입니다.

켄 로치(Ken Loach) 감독의 영화 〈랜드 앤 프리덤(Land and
Freedom)〉은 스페인 내전 당시 공화파 내부의 분열에 대해
보여줍니다. 주인공은 영국 공산당원으로, 소련 공산당의 지
시를 받는 국제여단과 스페인 마르크스주의통일노동자당
(POUM)의 민병대 사이를 오가며 갈등합니다. 영화의 중반부
에서 두 집단은 파시스트를 쫓아낸 도시에서 서로를 겨누며
총격전을 벌입니다. 총격전이 오가는 거리 가운데서 한 아주
머니가 "서로 싸우지 말고 파시스트랑 싸워야지"라고 외치
지만, 어느 쪽도 총격전을 멈출 생각이 없어 보입니다.

어느 한쪽이 특별히 나쁜 이들일 수도 있지만 저는 이것이
전쟁의 속성이라고 생각합니다. 전쟁은 자신의 이해관계를

극단적이고 폭력적인 방식으로 관철시키는 정치 행위입니다. 파시스트에 맞설 때는 같은 편이었지만 파시스트가 떠난 뒤 서로 이해관계가 다른 집단들끼리 군사적 충돌이 일어나는 것이 전쟁의 본모습이죠. 파시스트에 맞서 민주주의를 지켜내기 위해 순수하고 정의로운 마음으로 모여든 의용군들의 열망과는 다르게 스페인 내전은 공화파들에게 그리 아름다운 패배는 아니었습니다.

물론 지금 내전이나 분쟁으로 신음하고 있는 여러 지역을 떠올려보면, 유엔 평화유지군이라도 빨리 파병해야 하지 않을까 생각하기도 합니다. 하지만 왜 유엔군은, 더 정확히는 세계의 경찰을 자처하는 미군은 어떤 분쟁에는 개입하면서 어떤 분쟁은 외면할까요? 어떤 독재와는 싸우면서 또 다른 곳에서는 독재정권을 옹호할까요? 이러한 질문은 전쟁의 깊숙한 이면을 들여다보게 합니다. 이 전쟁이 왜 일어났고, 어떻게 진행되었고, 무엇을 남겼는지를 생각해보게 합니다. 이 전쟁에서 죽어간 이는 누구고, 파괴된 것은 무엇이고, 누가 웃게 되었는지 살펴본다면, 어떤 정의로운 목적이나 선한 의도만으로 전쟁을 옹호하거나 불가피한 것으로 여기긴 어렵지 않을까요?

2부

전쟁을 가능하게 하는
세 기둥

전쟁으로
돈을 버는 이들,
군수산업체

모두들 평화를 외칩니다. 심지어 전쟁을 일으킨 자(조지 W. 부시)도 평화를 말하고, 때로는 전쟁을 치르고 있는 양쪽 세력(히틀러와 루스벨트, 이승만과 김일성) 모두가 평화를 외치기도 합니다. 세상에는 이렇게 평화를 외치는 이가 많고 전쟁을 외치는 이는 드문데 대체 전쟁은 왜 일어날까요?

전쟁이 일어나는 원인은 어느 것 하나를 꼭 집어서 말할 수 없을 정도로 다양하고 복잡합니다. 종교 갈등이나 이념 갈등이 전쟁으로 비화되기도 하고, 경제적 불평등이나 계급 갈등에서 전쟁이 시작되기도 합니다. 자원이나 영토 같은 물질적인 이해관계가 전쟁을 유발하기도 하고, 자연재해나 우발적인 사건이 전쟁의 도화선이 되기도 하죠. 때로는 이러한 여러 가지 요인들이 서로 영향을 주고받으며 전쟁으로 발전하기도 합니다. 단 하나의 이유 때문에 전쟁이 갑자기 일어나는 일은 별로 없고, 다양한 원인들이 복잡하게 뒤섞이면서 전쟁이 발생합니다.

예를 들면 세르비아 청년 가브릴로 프린치프(Gavrilo Princip)가 오스트리아 황태자를 암살한 사건은 제1차 세계대전의 중요한 계기가 되었지만 전쟁을 유발한 필요충분조건은 아닙니다. 20세기 초반 제국주의 국가들의 팽창 정책과 갈등, 19세기와 20세기에 걸쳐 일어난 국민국가 형성에 대한 열망 등이 복잡하게 얽히고 역사적, 지역적, 정치적 구조가 뒤섞여서 전쟁으로 이어진 것이죠.

전쟁이 왜 일어나는지를 파악하는 일은 이처럼 복잡한 과정을 분석하고 해석하는 일입니다. 우리가 전쟁의 원인을 단편적으로만 파악한다면, 제대로 전쟁을 인식하는 것이라 볼 수 없습니다. 그런 경우는 전쟁을 끝내기 위한 노력이 다른 전쟁을 불러일으키기도 합니다. 복잡하게 얽혀 있는 실뭉치를 풀어보겠다고 한쪽 끝만 잡아당기면, 풀리는 듯하면서도 다시 다른 엉킴을 만들어냅니다.

복잡한 분석과 해석은 너무 어려우니 전쟁의 책임과 전쟁을 유지시키는 구조에 대해 좀 더 쉽게 이해할 수 있는 질문을 던져볼까 합니다. 전쟁이 왜 일어나는지 묻는 대신에, 누가 전쟁을 원하고 바라는지, 누가 전쟁을 부추기고 기획하는 지, 그리고 그들의 그런 행위는 과연 어떻게 지속가능한지에 대해 이야기해보겠습니다.

입으로는 평화를 외치거나 전쟁에 대해 침묵하면서, 실제로는 전쟁을 원하고 때로는 부추기거나 기획하는 이들이 있습니다. 그들이 전쟁을 원하고, 부추기고, 기획하는 이유는 바로 전쟁이 그들에게 돈벌이가 되기 때문입니다. 전쟁에서 이익을 얻거나, 이익을 얻기 위해 전쟁을 적극적으로 옹호하고 부추기는 자들을 일컬어 '전쟁수혜자(War Profiteer)'라고 부릅니다. 앞에서 제2차 세계대전 당시 IBM, 포드, 제너럴 모터스, 스탠더드 오일, 코카콜라 같은 미국의 거대 기업들이 나치 독일의 전쟁으로 막대한 이득을 얻었다고 했는데, 이들도 모두 전쟁수혜자입니다.

돈벌이가 되면 아무에게나 아무거나 다 파는 무기상인들

자본주의 사회에서 이익을 위해 행동하는 것을 누가 뭐라고 하겠습니까. 저도 이 책을 많이 팔아서 돈도 벌고, 제 주장과 이야기를 널리 알리고 싶습니다. 그건 나쁜 일이 아닙니다.

돈을 많이 벌기 위해 누군가를, 특히 가난한 사람이나 약한 계층을 등쳐 먹지만 않는다면 돈 버는 일은 비난받을 일이 아닙니다. 하지만 안타깝게도 이 세상에는 돈을 더 많이 벌기 위해 일부러 나쁜 짓을 하는 회사나 사람도 많습니다. 애국이나 평화를 이야기하면서, 사람 죽이는 것 말고는 아무짝에도 쓸데없는 고철덩어리를 비싸게 파는 군수산업체와 무기상인이 대표적입니다.

> 그는 심지어 메렉스가 판매한 무기를 사들인 이들이 저지른 행동에 대해선, 교통사고로 목숨을 잃은 사람에 대해 사고 차량을 판매한 자동차 영업사원이 짊어져야 할 정도만 책임이 있을 뿐이라고 주장하기도 했다.
>
> —켄 실버스타인, 《전쟁을 팝니다》, 166쪽

독일계 무기중개상인 메르틴스에 관한 이야기입니다. 나치 제3제국의 전쟁영웅이었던 메르틴스는 제2차 세계대전이 끝난 뒤, 오랜 세월 동안 악명 높은 전쟁범죄자들과 사업적 파트너십을 맺고 세계 곳곳의 독재정권에 전쟁 무기를 팔았습니다. 돈벌이가 된다면 진영도, 이념도 중요하지 않았습니다. 칠레의 독재자 아우구스토 피노체트, 이라크의 사담 후세인 등이 고객이었고, 미국이나 (통일 전) 서독도 메르틴스의 고객이었습니다. 타노스한테 인피니티 스톤을 팔고 어벤져스한테는 인피니티 건틀릿을 파는 일도 주저하지 않았을 겁니다. 그에게는 평화나 인권, 민주주의, 정의 같은 가치보다 돈벌이가 중요하니까요. 메르틴스가 대표적일 뿐, 대개의 무기상인들, 군수산업체들은 돈만 된다면 아무런 거리낌 없이 독재정권과 거래합니다. 조지 버나드 쇼의 희곡《바바라 소령》에 나오는 무기상 앤드루 언더샤프트는 "인간성이나 정치적 신념 따위와는 상관없이, 가격을 제대로 쳐주는 사람이라면 누구에게나 무기를 대주라"는 신조를 가진 사람입니다. 언더샤프트는 희곡에 등장하는 인물이지만, 실제 모델이 있습니다. 배질 자하로프라는 무기거래상입니다.

세계 경제의 큰손, 군수산업체:
삼성, 애플과 경쟁하는 록히드 마틴

오늘날 거대 군수산업체들은 전쟁 무기의 생산과 판매, 유통을 함께하고 있습니다. 어떤 경우든 이들은 무기를 더 많이 만들어서, 더 많이 팔아 이윤을 남기는 게 목적입니다. 이들은 돈이 된다면 누구에게든 어떤 무기든 팝니다. 이렇게 벌어들인 돈의 규모는 어마어마합니다. 스톡홀름국제평화연구소 (SIPRI) 조사에 따르면, 2018년 전 세계에서 매출이 높은 100개 군수산업체의 무기 판매 금액을 합치면 약 4,200억 달러라고 합니다. 우리 돈으로 환산하면 약 498조에 달하는 막대한 금액입니다. 이 금액은 중국 기업을 제외한 숫자이니, 실제로는 이보다 훨씬 더 많은 무기가 사고팔렸을 겁니다.

군수산업체 가운데 가장 많은 무기를 판매하는 기업은 록히드 마틴입니다. 록히드 마틴은 2017년 무기 판매로만 4,400만 달러를 벌어들였습니다. 그해 애플의 매출이 2억 1,500만 달러, 삼성전자의 매출이 1억 7,400만 달러입니다. 애플과 삼성전자의 1/5, 1/4 수준이라, 금액이 커 보이지 않을 수도 있습니다. 하지만 아이폰, 아이패드, 에어팟, 맥을 생산하는 애플과 스마트폰, TV, 냉장고, 세탁기 등 거의 모든 가전제품을 판매하는 삼성전자와 매출액을 견줄 수 있다는 것 자체만으로도 의미하는 바가 큽니다. 무기는 전 세계 70억 인구의 필수품인 스마트폰과 매출액을 나란히 할 수 있을 정도로 많이 팔리는 상품입니다.

군수산업체들은 이렇게 막대한 수익을 벌어들이기 위해서 무슨 일이든 하지만, 우리는 그 실상을 파악하기 어렵습니다. 이들은 은밀하게 움직이며, 무기를 사고파는 일은 대부분의

(단위: 미화 백만 달러)

순위	제조업 TOP15	총 매출액	순위	군수산업체 TOP15	무기 판매	총 매출액
1	도요타	254.7	1	록히드 마틴	44.9	51.0
2	VW	240.3	2	보잉	26.9	93.4
3	애플	215.6	3	레이시언	23.9	25.3
4	삼성전자	174.0	4	BAE 시스템스	22.9	23.5
5	다임러	169.5	5	노스럽 그러먼	22.4	25.8
6	제너럴 모터스	166.4	6	제너럴 다이내믹스	19.5	31.0
7	포드	151.8	7	에어버스	11.3	75.2
8	훙하이정밀	135.1	8	탈레스	9.0	17.8
9	혼다	129.2	9	레오나르도	8.9	13.0
10	제너럴 일렉트릭	126.7	10	알마즈-안테이	8.6	9.1
11	피아트 크라이슬러 그룹	125.0	11	유나이티드 테크놀로지스	7.8	59.8
12	SAIC 모터	113.9	12	L-3 커뮤니케이션스	7.8	9.8
13	닛산	108.2	13	헌팅턴 잉걸스 인더스트리스	6.5	7.4
14	BMW	104.1	14	유나이티드 에어크래프트	6.4	7.7
15	중국국유철도그룹	97.0	15	러시아국영조선소	5.0	5.6
TOP 15개 기업 매출액 합		2311			231.6	455.6

전 세계 제조업 TOP 15개 기업과 군수산업체 TOP 15개 기업 매출액 비교.
스톡홀름국제평화연구소(SIPRI)의 설명에 따르면 제조업체 리스트는
Fortune Global 500 for 2017, 군수산업체 리스트는 SIPRI Top 100 for 2017에
기초했습니다.

국가에서 안보를 이유로 정보를 투명하게 공개하지 않습니다. 그렇기 때문에 군수산업체들이 전쟁을 직접 기획하거나 일부러 일으켰다는 명시적인 증거를 찾기는 사실상 불가능합니다. 하지만 결과로 드러나는 모습을 보면, 군수산업체들

과 전쟁 혹은 군사적 갈등 사이에는 아주 밀접한 관계가 있다는 것을 알 수 있습니다.

주식시장과 매출로 드러나는
군수산업체와 전쟁의 관계

록히드 마틴이 사상 최대의 매출을 기록한 건 2017년이었습니다. 앞의 표에서 보다시피 총매출액이 무려 5,100만 달러입니다. 록히드 마틴의 기록적인 매출액은 F-35 전투기 판매 덕분이기도 하지만 사드를 비롯한 미사일 방어 시스템 관련 매출이 늘어난 것도 크게 작용했습니다. 미사일과 사격 통제 부문의 판매가 2016년 대비 2017년에 9% 증가했습니다. 2017년은 연초부터 트럼프와 김정은이 서로 자기 책상 위에 더 큰 핵단추(핵미사일 발사 버튼)를 갖고 있다고 자랑하던 해입니다. 북한과 미국 간의 군사적 긴장도가 매우 높아졌고, 그 틈을 타 미국 정부는 한국 정부를 압박해서 사드 포대를 배치하게 합니다. 군사적 긴장이 높아지는 때만큼 무기 팔기 좋은 때가 없죠.

반면 무기가 안 팔리고 군수산업체들의 가치가 똥값이 될 때도 있습니다. 록히드 마틴이 최고 매출을 올린 2017년 바로 다음 해 4월 27일, 록히드 마틴의 주식가치가 폭락합니다.

록히드 마틴뿐만 아니라 미국의 군산복합체들의 주식이 일

제히 하락했고(레이시언 3.9% 하락, 노스럽 그러먼 3.4% 하락, 제너

럴 다이내믹스 3.8% 하락), 5대 군수산업체는 주가 하락으로

100억 달러 이상의 시가 총액이 날아갔습니다. 보통 주식은

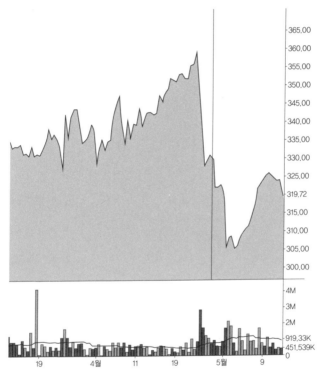

2017년 4월경 록히드 마틴 주식 등락폭.
남북정상회담 날짜인 4월 27일을 기점으로 폭락했음을 알 수 있습니다.

미래에 대한 기대가 반영된다고 합니다. 군수산업체들의 매출이 별 볼 일 없어질 것이라는 예측이 대세였던 겁니다. 2018년 4월 27일은 남북정상회담, 그중에서도 하이라이트였던 도보다리 회담이 있었던 날입니다. 문재인 대통령과 김정은 국방위원장의 정상회담은 한반도에 평화의 봄이 성큼 다가올 거라는 기대를 부풀게 했습니다. 평화에 대한 기대가 높아질수록 무기 거래 시장이 위축되고 군수산업체들의 돈벌이가 크게 줄어든다는 것을 알 수 있습니다.

이처럼 군수산업체의 돈벌이와 전쟁 혹은 군사적 긴장 사이에는 아주 밀접한 관계가 있습니다. 전쟁의 원인을 분석하는 것처럼 복잡하지도 않습니다. 전쟁이 일어나거나 군사적인 긴장이 높아지면 군수산업체가 돈을 벌고, 반대의 경우엔 돈벌이가 시원찮아집니다. 군수산업체들이 전쟁과 군사적 갈등을 반기고, 각종 평화회담이나 평화협정을 싫어하는 건 너무나 뻔하고 자연스러운 일입니다.

무기 산업과 방산 비리는 한 몸

물론 이 자연스러움을 용납해서는 안 됩니다. 흔히들 자본주의의 천박함이 극에 달한 기업을 언급할 때 '사람 목숨값을 하찮게 본다'는 표현을 쓰는데, 군수산업체들은 정말로 사람 목숨값으로 돈을 법니다. 더 많은 사람을 더 효율적으로 죽이고, 삶의 터전을 파괴하는 무기를 판매하니까요. 기업으로서 돈을 벌려는 욕구 자체는 자연스럽지만, 군수산업체들이 돈을 벌기 위해서 하는 행동은 전혀 자연스럽지 않습니다. 여느 회사들이 매출이 늘지 않을 때 공격적으로 마케팅을 하는 것처럼 무기회사도 매출을 늘리기 위해 마케팅을 합니다. 그 마케팅에는 '전쟁을 반기는' 것을 넘어서서 '전쟁을 원하는' 좀 더 적극적인 행동도 포함됩니다.

하지만 앞에서도 이야기했듯이 군수산업체들의 적극적인 행동은 안타깝게도 쉽게 드러나지 않습니다. 쉽게 드러나지 않는다고 모든 것을 가릴 수는 없습니다. 군수산업체들의 적극적인 전쟁 옹호가 빙산이라면, 수면 위에 살짝 드러나는 일각이 바로 방산 비리입니다. 1990년대 한국을 떠들썩하게 했던 율곡 비리 사업부터, 최근 와일드캣 헬기 수입을 둘러싼 논란까지 군수산업과 방산 비리는 뗄 수 없는 관계입니다. 블랙마켓에서 오가는 비정상적인 거래뿐만 아니라 정부와 기업 간의 거래도 마찬가지입니다. 상상하기 어려운 수준의 뇌물과 리베이트가 오갈 것이라 추측만 할 뿐 그 전체 규모는 파악조차 어렵습니다. 드러난 방산 비리조차도 전체 규모에서는 아주 일부분일 것입니다. 국제투명성기구(TI) 조 로버의 연구에 따르면 세계 무역 거래에서 일어나는 부패 사건의 40%는 무기 거래에서 발생한다고 합니다.

무기 거래의 추악한 시장을 고발한 다큐 〈섀도 월드(Shadow World)〉의 원작자이자 부패감시단체인 '코럽션 워치(Corruption Watch)' 활동가인 앤드루 파인스타인은 무기 거래 산업에 이토록 많은 비리와 부패가 일어나는 까닭을 다음과 같이 이야기합니다.

이 죽음의 거래에는 왜 그리도 많은 비리가 발생하는 것일까?

그 첫째 이유는 방위산업이 국가방위의 핵심으로 여겨지는 현실, 또 방산업체의 고위층이 정부 관료 및 정치인과 극도로 친밀한 관계에 있다는 점에서 찾을 수 있다. 방산업체, 정부, 의회, 군, 정보기관, 심지어 외교부까지 연결된 회전문 인사가 그 배경이다.

둘째로는 무기 거래가 극도로 전문적인 영역에 속해서 구매 품목과 구매처를 정하는 의사결정에 관여하는 사람이 극소수라는 점 때문이다.

셋째로는 수천만 달러, 또는 수조 달러에 이르는 대형 계약이 매해 10여 건에 불과해서다. 이는 뇌물을 줄 사람은 적고 액수는 크다는 점을 시사한다.

넷째로 가장 중요한 이유는 이 모든 일이 국가안보라는 명목으로 비밀의 장막 아래 이뤄져 이런 뻔뻔한 범죄 행각을 감추기 쉽다는 것이다.

— "무기 거래와 방산 비리는 한 몸", 〈한겨레〉, 2017

각국 정부의 수반이 이 검은 거래의 영업사원으로 나서기도 합니다. 미국 대통령으로 당선되고 난 뒤 트럼프의 첫 해외 순방지는 사우디아라비아였습니다. 사우디에 가야 할 다른 중요한 일이 많았을지도 모릅니다. 확실한 것은 트럼프 대통령의 첫 해외 순방에 보답이라도 하듯이 사우디 왕실은 1,100억 달러(약 123조 350억 원) 규모의 미국 무기 구매를 약속했습니다. 이 규모는 오바마 때 사우디아라비아가 사들인 미국 무기 구매액을 넘는 수치입니다. 록히드 마틴이나 보잉, 레이시언 같은 업체로서는 트럼프가 최고의 영업사원이었을 겁니다. 트럼프가 직접 영업을 뛰었다면, 영국의 토니 블레어는 영업사원의 역할에만 머물지 않았습니다. 토니 블레어는 총리 시절 영국 군수산업체인 BAE가 사우디아라비아 왕실의 고위층 인사에게 60억 파운드 가량의 뇌물을 준 사건에 대한 수사를 중단시키기도 했습니다.

이러니 전쟁이 사라지고 싶어도 사라질 수 없겠죠. 국가 안보를 핑계 삼아, 대통령을 영업사원 삼아, 법망도 피해가면서 세계에서 가장 많은 돈을 버는 제조업 회사만큼이나 돈을 많이 벌어들이니 군수산업체들이 기세등등할 수밖에요. 하지만 우리는 군수산업체들이 전쟁수혜자라는 것을 잊지 말아야 합니다. 전쟁을 반기며, 때로는 돈벌이를 위해서 전쟁을 기획하거나 군사 갈등을 부추긴다는 것을요.

정치인들이나 군인들에 비해 전면에 잘 드러나지는 않지만 전쟁의 중요한 당사자, 어쩌면 진짜 주인은 바로 군수산업체들일지도 모릅니다. 선전포고는 정치인이 하고, 전투는 군인이 하지만, 그 뒤에서 전쟁을 기획하고 추진하도록 부추기는 것은 군수산업체들이니까요.

군인이며 전쟁 영웅 출신인 미국의 아이젠하워 대통령은 퇴임 연설에서 군부와 군수산업 세력이 결탁한 군산복합체의 등장을 경고하고, 세금을 방위비에 쏟아붓는 것은 국민들의 생필품을 도둑질하는 행위(하워드 진,《미국민중사2》, 398쪽)라고 비판했습니다. 결과만 보자면, 안타깝게도 아이젠하워의 경고는 군수산업체들에게 전혀 위협이 되지 못했습니다. 그들은 여전히 세계 강대국의 정치 지도자들에게 막대한 영향력을 행사하며 전쟁터에서 계산기를 두드리고 있습니다.

전쟁으로
권력을 유지하는 이들,
안보팔이 정치인

전쟁으로 돈을 버는 군수산업체들의 전쟁에 대한 책임은 잘 드러나지 않습니다. 하지만 조금만 들여다보면, 군수산업체들이 전쟁을 대하는 태도는 무척 솔직한 편입니다. 돈이 되면 무엇이든 합니다. 이 솔직함을 칭찬할 수는 없지만, 적어도 평화를 추구하는 척하지 않고 전쟁을 대놓고 반기니 헷갈리지 않습니다. 군수산업체들이 비교적 솔직한 나쁜 놈들이라면, 정치인들은 입으로는 평화를 외치면서 속으로는 전쟁을 바라거나 전쟁을 통해 이익을 챙기는 솔직하지 못한 나쁜 놈들입니다. 이들은 자신의 정치적, 경제적 이익을 위해 뻔뻔한 거짓말을 늘어놓기도 합니다.

물론 모든 정치인이 다 전쟁을 좋아하는 건 아닙니다. 정치인 가운데서도 평화를 위해 애쓰는 사람이 있습니다. 노벨평화상을 받은 정치인들을 쉽게 떠올릴 수 있습니다. 남북의 군사적 갈등을 해소한 공로로 노벨평화상을 받은 김대중 대통령이나 인종차별에 맞서 민주화운동을 했던 남아프리카공화국의 넬슨 만델라 대통령이 대표적입니다.

히틀러같이 예외적인 존재를 제외한다면 현대의 정치인들은 대체로 입으로는 평화를 말합니다. 하지만 그들 중에서 일부는 전쟁이나 군사적인 갈등을 매우 반깁니다. 어떤 경우에는 매우 적극적으로 전쟁을 조장하고, 기획하고, 실행하기도 하죠. 그런 정치인을 '안보팔이 정치인'이라 부르려고 합니다. 군수산업체들이 전쟁으로 돈을 번다면, 안보팔이 정치인들은 때로는 경제적인 이득을 챙기기도 하고 때로는 정치적인 이득을 챙기기도 합니다. 이런 정치인들은 어느 나라에서든 볼 수 있고, 특히 호전적인 나라나 전쟁을 치르는 나라, 혹은 군사적 갈등 상황에 놓인 나라에서 쉽게 찾을 수 있습니다. 안보팔이 정치인들이 왜 전쟁과 군사적 갈등을 반기고, 그것을 어떻게 활용하는지 살펴보겠습니다.

표를 위해 전쟁을 부추기는 정치인들:
영화 〈공작〉과 북풍

사람들은 누구나 공동의 적이 생기면 단결하기 마련입니다. 철천지원수인 자본주의 진영의 리더 미국과 공산주의 진영의 맹주 소련이 나치 독일이라는 공동의 적과 맞서기 위해 동맹을 맺은 것처럼 말입니다. 국가와 국가 사이만 그런 게 아닙니다. 국내 정치에서도 평소에는 서로 으르렁대던 정치인들이 공동의 적을 상대할 때는 겉으로나마 웃으며 악수하는 장면을 자주 볼 수 있습니다. 공멸하지 않기 위한 전략적 동맹일 수도 있고, 서로 이해관계는 다르지만 각자의 판단 속에서 충분히 이익을 얻을 수 있는 상황일 수도 있습니다. 혹은 동맹인 척하다가 뒤통수를 치기 위한 위장일 수도 있고, 동상이몽일 수도 있습니다. 아무튼 외부의 적, 공동의 적이 생기면 정치인들도 내부 단결을 외치고 서로 사이좋게 지내는 모습을 연출합니다. 이건 뭐 시대를 떠나, 지역을 떠나, 이념이나 계파를 떠나 정치의 속성일 것입니다. 이 자체를 비판하거나 나무랄 수는 없습니다.

하지만 이런 경향은 전쟁 이슈에서는 극대화되고 그에 따른 부작용도 심각합니다. 우선 전쟁이라는 블랙홀은 국내 정치의 많은 이슈를 삼켜버립니다. 특히 비리에 연루되거나 부정부패를 저지른 정치인이라면 자신의 치부를 가리기 위한 절호의 찬스겠죠.

선거에서 이기기 어려운 상황에 놓인 집권당의 정치인들 또한 전쟁으로 사회에 불확실성이 높아지면 선거에서 이길 가능성이 커질 수 있습니다. 안보팔이 정치인들은 우연히 찾아온 안보 위기를 발판 삼아 자신의 위기를 탈출하는 기예를 여러 차례 보여주었습니다. 한국에서는 이를 '북풍'이라고 부르는데, 북한과의 군사적 갈등과 긴장을 이용하는 것이 대표적입니다. 요즘엔 잘 안 먹히지만, 과거 우리나라의 보수정당들은 선거 때만 되면 북한의 위협을 강조하거나 과장해서 톡톡히 재미를 봤습니다.

1996년 15대 국회의원 선거를 앞두고 판문점에서 북한군의 무력시위가 발생했습니다. 북한군의 무력시위가 발생하기 전만 해도 여당이었던 신한국당(김영삼 대통령이 속해 있던 당)의 선거 전망은 어두웠죠. 국회 의석수의 1/3도 차지하지 못할 것이라는 평이 많았습니다. 그런데 신한국당은 때마침 일어난 북한군의 무력시위를 지렛대 삼아 안보 불안을 대대적으로 부추겼고, 그 결과 당시 제1야당인 국민회의(김대중 당 대표가 속해 있던 당)보다 60석이나 많은 139석을 휩쓸게 됩니다. 이런 일이 반복되면 국민들의 의사가 정치에 온전히 반영되기 어렵고, 민주주의가 제대로 작동하기 어렵습니다. 위기와 공포가 과장되면 다른 중요한 사회적 가치들이 희생되기 마련이니까요.

그나마 이런 사례는 운 좋게 찾아온 기회를 잘 살린 것으로 볼 수도 있는데요, 안보팔이에 맛을 들인 정치인들은 선거를 유리하게 이끌어 가기 위해 전쟁 위기를 스스로 만들어내기도 합니다. 1997년 대통령 선거를 앞두고 당시 여당이던 신한국당 이회창 후보의 당선을 위해 청와대 행정관 등 세 명이 베이징에서 북한의 아시아태평양평화위원회 참사 박충을 만납니다. 불과 1년 전 총선에서 북한군의 무력시위 덕을 톡톡히 봤으니, 아예 대놓고 활용할 속셈이었을까요? 결국 이 일이 들통나 재판까지 받게 됩니다. 1심에서는 무력시위를 요청했다는 것이 인정되어 유죄 선고를 받았지만, 2심 재판부는 무력시위를 요청한 사실을 확인할 증거가 부족하고 사전모의를 하지 않았다고 판단해서, 북한을 접촉한 것만 문제 삼아 국가보안법 위반으로 유죄를 선고합니다. 저는 증거가 불충분했을 뿐이지 정황상 무력시위를 요청했을 가능성이 높다고 생각합니다. 황정민, 이성민 등이 출연한 윤종빈 감독의 영화 〈공작〉은 이 '총풍 사건'을 모티브로 만들어졌습니다. 소문만 무성하던 '북풍 사건'이 세상에 처음 드러난 건데, 드러나지 않은 정치인들의 '북풍' 공작도 언젠가는 다 밝혀지기를 기대합니다.

안보를 팔아서 돈을 버는 정치인들: 영화 〈바이스〉와 딕 체니

안보팔이 정치인들의 활약은 정치적인 위기를 모면하거나 선거를 유리하게 이끌어가기 위해, 전쟁을 활용하거나 무력 충돌을 조작하는 데 그치지 않습니다. 어떤 정치인들은 군수산업체들과 긴밀한 관계를 맺으며 전쟁을 이용한 돈벌이에 직접 나서기도 합니다. 이 분야에서 가장 유명한 정치인이 바로, 미국의 조지 W. 부시 대통령 시절 부통령인 딕 체니(Dick Cheney)입니다. 딕 체니는 아버지 부시 대통령(1989~1993년 재임) 시절 국방부 장관이었습니다. 이후에 석유회사인 핼리버턴에 경영자로 취임해 민주당 클린턴 대통령 시절을 보내다가, 조지 W. 부시 대통령의 러닝메이트로 다시 백악관에 돌아옵니다. 행정부와 기업 사이를 종횡무진하죠.

이렇게 고위 정치인이나 국방 관료들이 퇴임 후 군수산업체에 들어가는 일을 '회전문 인사'라고 부릅니다. 회전문 인

사는 꼭 안보팔이 정치인과 군수산업체 사이에서만 일어나는 것은 아닙니다. 삼성 같은 대기업이나 김앤장 같은 대형 로펌이 대법관 등 고위직 판검사를 데려가는 일도 회전문 인사입니다. 이런 회전문 인사는 정부의 요직에서 일하며 얻은 정보와 인맥을 일반 사기업의 돈벌이에 활용한다는 점에서 많은 비판을 받고 있습니다.

안보 영역에서는 주로 고위 군인들이 군수산업체로 자리를 옮겨 자신의 후임들과 거래를 하며 군수산업체에 돈을 벌어다 줍니다. 우리나라에서도 회전문 인사가 많은데, 2006년부터 2011년까지 직업군인 출신 413명이 방위산업체에 취직했습니다("5년간 직업군인 출신 413명 방산업체 취업", 〈연합뉴스〉, 2011). 정치인들의 경우에는 직접 나서서 거래를 성사시키기도 하지만, 방위산업체들이 국가의 규제를 피하게 하는 방식으로 이해관계를 살펴줍니다. 그리고 이들 중 일부는 다시 안보팔이 정치인으로 돌아오려고 시도합니다. 대표적인 사례가 2013년 박근혜 정부 시절 국방부 장관 후보자에 이름을 올린 김병관입니다. 4성 장군이었다가 군수산업체 고문으로 일했던 그는 박근혜 정부의 국방부 장관 후보자가 됩니다. 다행히 인사청문회에서 낙마합니다만, 이런 회전문 인사가 또 일어나지 않으리라는 보장은 없습니다.

딕 체니가 부통령이 되어, 이라크 전쟁을 이끄는 내용이 담긴 영화 〈바이스(vice)〉.
딕 체니에 대해 더 알고 싶다면 미국 시사주간지 〈뉴요커〉의 기사를 보면 됩니다.
국내에선 〈신동아〉가 기사를 번역했습니다.
https://shindonga.donga.com/3/all/13/103235/1

딕 체니는 이러한 회전문 인사의 대명사입니다. 국방부 장
관이었다가 핼리버턴의 최고 경영자가 되었고, 다시 미국 부
통령이 되었으니까요. 그는 핼리버턴에서 일하는 5년 동안
무려 4,400만 달러를 벌었고, 1,800만 달러어치 핼리버턴 스
톡옵션도 소유하고 있었습니다.

부통령이 된 딕 체니는 이라크 전쟁을 주도합니다. 일반적

으로 미국의 부통령은 실질적인 권한이 많지 않고 명예만 드높은 자리인데, 딕 체니는 아주 열심히 일합니다. 그렇게 일해서 핼리버턴에 막대한 이익을 안겨다 줍니다. 핼리버턴은 이라크 전쟁 직후인 2004년, 이라크 재건 사업으로 110억 달러어치의 계약을 따냅니다. 2위가 벡텔의 28억 달러이니 사실상 독점한 것이나 다름없습니다. 딕 체니는 당시 핼리버턴과 관계를 완전히 끊었다고 말했지만, 아무도 그 말을 믿지 않았습니다. 딕 체니는 부통령을 그만둔 뒤에도 핼리버턴에서 해마다 15만 달러를 받기로 되어 있었습니다. 핼리버턴이 자선사업가도 아니고 딕 체니가 아무리 자기들 전직 CEO라고 해도 돈을 공짜로 주진 않습니다. 해마다 15만 달러씩 주는 것은 전쟁을 일으키고 재건 사업으로 110억 달러 계약을 몰아준 딕 체니에 대한 답례의 의미였겠죠. 이라크 전쟁은 결국 핼리버턴과 딕 체니 모두에게 어마어마한 부를 가져다준 셈입니다.

전쟁을 용인하고
묵인하는
보통 사람들

"나는 전쟁의 책임이 위대한 사람들과 정치가, 자본가들에게
만 있는 건 아니라고 생각합니다. 그렇습니다. 책임은 일반 사
람들에게도 있습니다. 정말 전쟁이 싫었다면 너도나도 들고일
어나 혁명을 일으켰어야지요."

— 안네 프랑크 《안네의 일기》

군수산업체에 이어 안보팔이 정치인까지, 전쟁을 일부러 부
추겨 자신의 이익을 챙기는 이들에 대해 알아봤습니다. 그렇
지만 한편으로는 군수산업체와 안보팔이 정치인에게 전쟁
의 모든 책임을 떠넘길 수는 없다고 생각합니다. 물론 그들의
책임은 막대합니다. 하지만 모든 책임을 그들에게 떠넘기는
것은, 다시 말하면 그만큼의 힘과 결정권이 그들에게 있다는

것을 인정하는 꼴이 됩니다. 군수산업체와 정치인의 영향력이 아무리 크더라도 제대로 된 민주주의 국가라면 전쟁과 같은 국가의 중요한 결정을 그들이 좌지우지하게 놔두어서는 안 됩니다.

우리는 전쟁을 상상할 때 주로 정치인이나 군인을 생각하기 마련이고, 보통의 평범한 시민들은 죽고 다치는 피해자이거나, 전쟁터에서 멀리 떨어져서 군인으로 복무 중인 식구나 친구가 무사하기만을 바라는 수동적인 이미지를 떠올리기 쉽습니다. 과연 보통의 시민들은 전쟁에서 피해자 혹은 관찰자이기만 할까요? 전쟁이 일어나기까지 우리의 역할이라든지, 책임, 몫, 이런 것은 없을까요? 우리는 그냥 몇 년에 한 번씩 돌아오는 선거 때, 안보팔이 정치인에게 투표만 안 하면 되는 걸까요?

법과 제도로 전쟁을 제한하는 민주주의 국가들

민주주의가 잘 정착된 국가에서는 정치 지도자가 함부로 전쟁을 일으키거나 군사행동을 하지 못하도록 법률로 엄격하게 규제하고 있습니다. 한국도 그렇습니다.

제5조 ①대한민국은 국제평화의 유지에 노력하고 침략적 전쟁을 부인한다.

제60조 ②국회는 선전포고, 국군의 외국에의 파견 또는 외국 군대의 대한민국 영역 안에서의 주류에 대한 동의권을 가진다.

대한민국 헌법 제5조 1항에서 우리나라는 침략전쟁 자체를 헌법으로 부정합니다. 이론상으로는 절대로 전쟁을 일으킬 수 없는 국가입니다. 헌법과 법률로 정해놓았다고 하더라도 정치인들이 이를 그대로 따르는 것은 아닙니다. 독재자들은 헌법을 무시하거나 헌법을 자기 입맛에 맞게 바꿔버리기도 합니다. 그렇기 때문에 많은 국가가 입법부인 국회를 통해서 대통령의 권한을 견제하고 있습니다. 한국도 마찬가지입니다. 대통령이 독단적으로 전쟁이나 군사행동을 하지 못하도록 헌법 제60조 2항에 명시해놓았습니다. 헌법에 따라 대통령은 선전포고를 하거나 한국군을 파병할 때 국회의 동의를 받아야 합니다.

물론 현실이 꼭 이론대로 움직이는 것은 아닙니다. 헌법을 보면 한국군은 침략전쟁에 동참할 수 없으며, 국회의 동의 없이는 전쟁이나 파병을 할 수 없게 되어 있습니다. 하지만 한국군은 침략전쟁에 군대를 파병한 역사가 있습니다. 1960년대 말부터 1970년대에 걸쳐 베트남 전쟁에 전투병을 파병했고, 이라크 전쟁 때는 2004년에 비전투부대를 파병했습니다. 베트남 파병 당시에는 군부독재정권이 들어서 있었기 때문에 우리나라가 민주주의 국가였다고 볼 수 없겠지만, 이라크 파병 때는 헌법에 따라 국회의 동의하에 파병했습니다.

우리나라와 마찬가지로 다른 나라들도 전쟁을 일으키거나 군대를 파병하기 위해서는 국회 동의를 얻는 등 여러 가지 절차를 거쳐야 합니다. 그리고 국회의 정치인들은 선거에서 표를 얻기 위해 국민들의 여론에 민감하게 신경 쓰는 집단입니다. 다시 말해서 민주적인 절차로 선거가 진행되고, 그렇게 선출된 입법부가 행정부를 감시하고 견제할 수 있는 시스템이 제대로 작동하는 국가라면, 국민들이 크게 반대하는 전쟁은 치를 수 없습니다.

제아무리 히틀러라도 마음대로 전쟁할 수는 없어

민주주의 국가와 다르게 독재 국가에서는 독재자가 마음대로 전쟁을 일으킬 수 있지 않을까요? 충분히 생각해볼 만한 질문입니다. 결론부터 말씀드리자면 독재 국가라고 하더라도 독재자 마음대로 전쟁을 일으킬 수는 없습니다. 만약 어찌 어찌 일으키더라도 국민들의 지지나 동의 없이는 그 전쟁을 지속하여 수행하기 어렵습니다.

부족끼리 손도끼 들고 싸우던 시절과는 달리, 과학기술이 비약적으로 발달한 근대 이후의 전쟁은 국가의 모든 물적, 인적 역량이 투여되는 총력전입니다. 요즘에는 무인항공기가 군사작전을 수행하고 전쟁에서 사병의 역할이 줄어들었다지만, 전쟁을 수행하기 위해서는 여전히 많은 군인이 필요합니다. 게다가 전쟁을 수행하는 군인이 입고 먹을 물자들을 생산하고, 그걸 전쟁터까지 보급하는 일은 많은 민간기업과 노동자들이 동참하지 않으면 불가능합니다. 또한 전쟁에는 막대한 예산이 필요하므로 시민들로부터 거둬들이는 세금이 바닥나면 전쟁을 치를 수 없습니다. 결국 나라 전체의 모든 역량을 전쟁에 쏟아부어야만 하고, 그 때문에 전쟁에 쓰이는 만큼의 인력과 자원이 사회의 다른 필요한 영역에 쓰이지 못하게 됩니다.

독재자 마음대로 전쟁을 결정하고 시작했더라도, 국민의 지지나 협조가 없으면 전쟁을 유지할 수 없습니다. 공무원들이 일을 안 하면 국가는 군인을 모집할 수 없습니다. 시민들이 군입대를 거부하면 과연 누가 전쟁을 수행할까요? 노동자들이 생산을 멈추면 군인들이 쓰는 생필품 조달도 불가능합니다. 자영업자들이 세금 내기를 거부하면 국가는 무슨 돈으로 전쟁을 치를 수 있을까요? 국민을 총칼로 협박해서 전쟁을 시작할 수는 있겠지만 과연 그런 방법으로 전쟁을 지속할 수 있을까요? 오히려 나라 안에서 총파업이나 저항운동이 일어나지 않을까 걱정하게 되지 않을까요? 그렇기 때문에 제아무리 독재자라고 해도 전쟁을 지속하는 데에는 국민들의 동의나 지지가 필요합니다. 그래서 독재자들은 국민들의 지지를 이끌어내기 위해 갖은 노력을 기울입니다. 때로는 폭력적이고 억압적인 방식으로, 때로는 달콤한 사탕발림으로.

역사상 가장 유명한 독재자인 히틀러 또한 제2차 세계대전을 치르는 동안 일반 국민들의 눈치를 봐야 했습니다. 나치가 집권하고 전쟁을 치르면서 독일의 기업과 은행들은 막대한 돈을 벌어들였습니다. 히틀러가 노동조합을 탄압하고, 경제 정책은 전쟁 물자 생산에 맞춰졌기 때문에 기업의 이윤은 극대화되었습니다. 히틀러는 전쟁으로 인한 부(富)가 기업과 은행에 집중된다는 사실이 노동자들을 자극해 그들을 분노하게 만들지 않을까 걱정했습니다. 분노가 혁명이나 저항운동으로 연결될까 봐 두려웠던 것이죠. 히틀러와 나치는 결국 1941년 법인세율을 40%에서 50%로 올리고, 1942년에 다시 55%로 올렸습니다. 또한 히틀러는 농업 낭만주의 사상을 장려하면서 이를 소련 침공과 연관시켜 홍보했습니다. 이는 독일의 농민이나 수공업자들에게 지지를 받기 위한 홍보 전략이었습니다. 전쟁으로 동부(동유럽)의 드넓은 토지를 차지하게 되면, 그 땅이 농민이나 수공업자에게 돌아갈 것이고 막대한 생산량을 약속할 수 있다고 포장했죠.

이처럼 독재자 히틀러의 독일 제3제국도, 미국도, 그리고 민주공화국인 대한민국도 정치 지도자 혼자 전쟁을 밀어붙일 수는 없습니다. 시민들이 전쟁을 지지하거나, 동의하거나, 묵인하거나, 최소한 침묵했기 때문에 전쟁을 지속하거나 해외 전쟁에 군대를 파병할 수 있었습니다.

전쟁을 용인하게 만드는 것들:
혐오와 배제, 차별

그렇다면 왜 사람들은 전쟁을 지지할까요? 혹은 최소한 침묵하거나 묵인할까요? 주변을 보면 전쟁을 원하는 사람은 아무도 없는데 말입니다. 가장 쉽게 생각할 수 있는 이유는 경제적 이익입니다. 히틀러가 약속한 동유럽의 드넓은 토지 같은 것들 말입니다. 하지만 경제적 이익만으로 국민들을 전쟁에 찬성하게 만들기는 쉽지 않습니다. 많은 사람이 죽고 다치는 전쟁을 돈 몇 푼에 지지하긴 힘들죠.

사람들이 왜 전쟁을 지지하거나 묵인하는지를 살펴보는데 재미있는 점을 시사하는 여론조사 결과가 있습니다. 2015년 미국의 한 여론조사기관이 미국 시민들에게 아그라바라는 나라를 침공하는 것에 대한 찬성과 반대를 묻는 여론조사를 했습니다. 미국 공화당 지지자의 1/3 이상이 침공에 찬성한다고 대답했습니다. 반대한 사람은 13%밖에 안 되었습니다. 민주당 지지자의 경우는 19%가 침공을 찬성하고 36%는 반대했습니다. 공화당으로 한정해서 보면, 찬성하는 사람이 50%를 넘지는 않았지만 반대하는 사람보다는 두 배 이상 많았습니다.

이 여론조사에서 재미있는 건 공화당 지지자와 민주당 지지자의 인식 차이가 아닙니다. 아그라바는 실제 존재하지 않는 가상의 나라로, 《알라딘》에 나오는 가상국가 이름입니다. 사람들이 정확한 맥락이나 정보 없이 너무 쉽게 판단하는 세태를 비판하는 사례로 이 여론조사가 언급되곤 합니다. 여기서 한 발짝 더 들어가 생각해보겠습니다.

제법 많은 사람들이 정확한 정보도 없이, 맥락도 살피지 않은 채 어떤 나라를 침공하는 것에 찬성한 이유는 무엇일까요? 그 나라 이름이 '아그라바'였기 때문이라고 생각합니다. 아그라바는 이슬람식 이름이고, 많은 공화당 지지자들이 이슬람 국가라면 침공해도 된다고 생각한 게 아니었을까요? 만약 그렇다면 이 판단은 정확한 정보와 합리적인 근거를 바탕으로 논리적인 추론 끝에 내린 결론이 아니라, 평소에 이슬람에 대해 가지고 있는 편견이나 혐오에 기반한 판단이지 않을까요?

혐오와 차별이 전쟁의 기반이 되는 건 최근의 사례만이 아닙니다. 히틀러가 전쟁을 일으킬 수 있었던 까닭은 독일 내부의 거대 자본과 군부가 전쟁을 원했기 때문만이 아닙니다. 대다수의 국민들이 전쟁을 반대했다면 제아무리 히틀러라도 전쟁을 지속하지 못했을 겁니다.

당시 히틀러의 나치당은 인종주의에 기반한 혐오와 차별을 끊임없이 유포했습니다. 유대인, 집시, 여호와의증인, 성소수자들을 희생양으로 삼아 혐오와 차별이 가득한 사회 분위기를 만들어갔습니다. 포드를 비롯한 미국의 기업인들이 히틀러의 독일과 긴밀한 관계를 맺었던 이유는 물론 경제적인 이익 때문입니다. 하지만 나치의 인종주의가 전혀 문제되지 않을 정도로 그들 또한 인종주의자였기 때문이기도 합니다. 혐오와 차별이 국경과 이념을 넘어 공조한 셈이죠. 20세기 초반 일본의 제국주의자들도 마찬가지입니다. 조선인, 오키나와인, 만주인들은 일본인보다 열등한 민족이라는 생

퀴어문화축제의 한 장면. 소수자에 대한 혐오와 전쟁 체제는
'타자에 대한 공포'라는 같은 뿌리를 가지고 있습니다.
소수자에 대한 혐오와 차별을 멈춘다면 전쟁도 멈출 수 있을 것입니다.

각을 바탕으로 차별적인 법과 제도를 시행하고 혐오를 부추
겼습니다.

이처럼 혐오와 배제, 차별 같은 속성은 전쟁을 일으키는 데
아주 좋은 토양이 됩니다. 앞서 살펴본 것처럼 전쟁의 직접적
인 기반이 되는 특정 인종, 민족, 종교에 대한 혐오뿐만 아니
라 성소수자, 여성, 장애인과 같은 소수자에 대한 혐오도 전
쟁과 밀접한 연관을 맺습니다. 수차례 노벨평화상 후보에 오
른 페미니스트이자 평화학 연구자인 베티 리어든(Betty A.
Reardon)은 사회심리적으로 형성된 타자에 대한 공포가 전

쟁을 지속하는 기반이 된다고 지적합니다(《성차별주의는 전쟁을 불러온다》, 32쪽). 타자에 대한 공포가 극단적으로 강화된 형태가 바로 혐오이며 배제와 차별은 혐오가 드러나는 방식입니다.

나치 독일의 선전장관이었던 괴벨스는 "분노와 증오는 대중을 열광시키는 가장 강력한 힘이다"라고 이야기했는데요, 분노와 증오가 특정 집단을 향할 때 혐오와 배제, 차별이 일어납니다. 그리고 혐오와 배제, 차별이 만연한 사회에서는 군수산업체가 조금만 선동해도 전쟁 찬성 여론이 일어나고, 안보팔이 정치인들이 손쉽게 전쟁을 결정할 수 있습니다. 그렇기 때문에 전쟁을 일으키려는 세력들은 늘 국민들 속에 숨어 있는 혐오와 배제, 차별을 자극하고 부추깁니다.

만약 어느 사회에 혐오와 배제, 차별이 만연해 있다면, 그리고 그것을 바탕으로 전쟁이 일어나거나 전쟁이 지속되고 있다면, 그 책임을 정치인이나 군수산업체에만 돌릴 수는 없습니다. 비판하고 견제할 수 있는 시스템이 원활하게 작동하는 민주주의 국가에서는 말할 것도 없고, 독재 국가에서조차 전쟁이라는 막대한 사건은 국민의 동의 없이 이루어지기 어렵습니다. 이는 다시 말하면 전쟁이 시작되고 유지되는 데에는 우리의 책임이 분명 있다는 뜻입니다. 비록 전쟁을 부추기거나 결정하거나 적극 지지하지는 않았더라도, 전쟁이 일어나는 것을 방조하거나 전쟁이 지속되는 것을 묵인한 책임 말입니다.

아우슈비츠 생존자이자 작가인 프리모 레비(Primo Levi)는 나치가 잔악한 전쟁 범죄를 저지르는 동안 의도적으로 무지함을 선택했던 독일인들의 책임을 묻습니다.

"정보를 얻을 수 있는 가능성이 다양하게 존재했음에도 불구하고, 대부분의 독일인들은 알고 싶지 않았기 때문에 알지 못했다. 아니, 더 정확히 말해 모른 척하고 싶었기 때문에 알지 못했다. (중략) 아는 것, 그리고 알리는 것은 나치즘에서 떨어져 나오는 방법(결국 그리 오래지 않아 위험에 처할 수밖에 없는 방법)이었다. 나는 독일 국민이 전체적으로 이런 방법에 의지하지 않았다고 생각한다. 그리고 나는 바로 이런 고의적인 태만함 때문에 그들이 유죄라고 생각한다."

— 《이것이 인간인가》, 276쪽

한 명 한 명의 시민이 무슨 힘이 있어서 국가의 결정에 개입하냐고 억울해할 수도 있습니다. 억울하게 느껴지는 게 당연합니다. 우리들 개개인은 힘이 없고 국가는 늘 개인의 정치적 의사를 무시하기 일쑤니까요. 하지만 우리는 국가의 중요한 결정에 국민들 한 사람 한 사람의 의견이 모아져 큰 힘을 발휘한 경험을 여러 차례 해보았습니다. 1987년 6월 항쟁을 통해서 대통령을 직접 뽑는 선거제도를 만들었고, 촛불집회로 국정을 농단한 대통령을 탄핵시키기도 했습니다. 우리가 가진 힘을 믿고 그 힘을 바르게 행사하는 것은 시민의 권리면서 동시에 의무입니다. 우리의 권리와 의무를 올바르게 수행할 때 전쟁과 평화에 대한 보통 사람들의 책임을 다할 수 있습니다.

3부

우리의 책임, 우리의 권리

한국은
전쟁의 피해자이기만
할까

한국 사람이라면 역사 수업 시간에 귀에 인이 박히게 들은 이야기가 있습니다. 우리나라는 해양 세력과 대륙 세력이 만나는 반도에 위치해 있는 데다, 강대국에 둘러싸인 지정학적 위치 때문에 늘 외세의 침략에 시달렸다는 이야기입니다. 실제로 19세기 후반부터 20세기 초반 동안 조선에 대한 지배권을 두고 러시아와 청나라 등이 일본과 대립했었고, 한때 우리는 일본의 식민지였던 경험도 있습니다.

이 때문인지 한국인들은 전쟁을 생각하면 자연스럽게 스스로를 피해자 혹은 침략당하는 자로 생각하곤 합니다. 해방 이후 한국 전쟁에서도 북한 인민군이 먼저 공격해 왔으니, 한국이 전쟁의 피해자라는 이런 집단적인 경험과 판단은 타당한 측면도 있습니다. 하지만 시계를 21세기로 돌려봤을 때,

여전히 우리는 전쟁의 피해자이기만 할까요?

식민지 남성성이 만들어낸 허구적 이미지

앞서 말한 것처럼 역사를 살펴보면 우리가 전쟁 피해자라는 생각이 아주 틀린 이야기는 아닙니다. 역사 교과서에 나오는 대부분의 전쟁이 실제로 우리나라가 침략당한 전쟁입니다. 만주 벌판을 달린 광개토대왕 정도를 제외하면, 우리나라 전쟁영웅들도 을지문덕, 강감찬, 이순신처럼 모두 외세의 침략을 막은 사람들입니다.

이러한 역사적 경험에 기반해 우리 스스로를 약자 또는 피해자의 위치에 두다 보니, 외세의 침략에 맞서 나라를 지킬 수 있는 강한 힘에 대한 동경이 사회문화적으로 드러나기도 합니다.

많은 소설, 드라마, 영화 등 역사의 대중적 판본들이 최대 영토의 고구려, 화랑도의 신라, 혹은 무신정권의 고려 등을 스펙터클하게 재현하는 데 몰두했다. 서울 중심을 종횡으로 분할하는 충무로와 을지로, 그리고 세종대왕이 세워지기 전 서울의 심장 광화문을 오랫동안 홀로 차지했던 우뚝 선 이순신 동상 등은 무장영웅의 호명을 토한 탈/식민적 남성성의 사후적 발현이라고 할 수 있다.

— 연세대학교 젠더연구소,《그런 남자는 없다》, 91쪽

　　일본 제국주의는 조선에 대한 지배를 수월하게 하기 위해 '문약(文弱)'이라는 이미지를 조선인들에게 강요했습니다. 이를 극복하기 위해 당시 조선인들은 군인을 영웅시하는 상무정신을 내세웠습니다. 독립운동가 신채호 선생이《이순신전》,《이태리건국삼걸전》을 쓴 것도 이러한 맥락이었습니다. 이 상무정신이 해방 이후까지 이어지면서 군인들의 이름을 딴 도로 이름으로 드러나기도 했습니다.

　　호전적인 군인을 동경하고 숭상하면서도 스스로를 피해자로 인식하는 이러한 모습을 '식민지 남성성'이라고 부릅니다. 평화학자 정희진은 제국주의 침략 국가의 남성성은 마초적이고 군사주의적이어서 "내 가족은 내가 지킨다"라고 이야기하는 데 반해, 식민지 남성성은 제국의 남성성과 견주어 스스로를 '여성'으로 간주하거나 자처하면서도 자국의 여성 앞에서는 호전적인 성향을 드러내며 큰소리를 떵떵 치는 특징을 가지고 있다고 말합니다. 한국 사회는 일본군의 위안부에 대해서는 민족의 순결한 누이를 자신(국가)들이 지키지 못했

다고 분노하면서, 미군부대 앞 이른바 양공주는 행여나 미군이 성병에 걸릴까 국가가 나서서 관리하는 가상한 노력까지 보입니다. 이런 이중성도 '식민지 남성성'이라는 키워드로 들여다보면 이해할 수 있습니다.

식민지 남성성의 토대는 "남성이 보편적 주체로서 자신을 국가나 민족과 동일시"하는 데서 비롯됩니다. 하지만 결코 국가나 민족은 남성만으로 동일시할 수 없고, 심지어 남성들조차도 동질하지 않습니다. 남자들 안에서도 계급에 따라, 인종에 따라, 성정체성에 따라 전쟁에서 다른 입장에 서고, 서로 다른 이익과 피해를 경험합니다. 양반과 노비에게 청일전쟁의 의미가 달랐을 것이고, 부잣집 도련님과 가난한 농사꾼의 아들 또한 한국 전쟁의 기억이 다를 것입니다. 결국 동일한 피해를 경험한 '피해자'라는 인식은 식민지 남성성에 기댄 허구적인 이미지일 뿐입니다.

침략당하는 나라에서, 침략하는 나라로

각자가 경험한 피해의 양상이 다르다고 하더라도, 많은 한국인들이 20세기 초중반 전쟁 피해를 입은 것은 부정할 수 없는 사실입니다. 그러나 우리의 할머니 할아버지들이 전쟁 피해를 입었다는 사실이 현재의 한국에 피해자 정체성을 부여하지는 않습니다. 21세기 한국은 침략당하는 나라보다는 오히려 침략하는 나라에 가깝습니다. 군사력을 동원해 직접적으로 침략에 동참한 적도 있고, 간접적인 방식으로 전쟁의 침략자 편에 선 적도 있습니다.

가장 대표적인 것이 한국군 파병의 역사입니다. 베트남 전쟁은 전 세계적인 반전운동을 불러일으켰습니다. 미국에서도 복싱 세계 챔피언 무하마드 알리를 비롯하여, 드라마 〈왕좌의 게임〉 원작 소설 《얼음과 불의 노래》를 쓴 작가 조지 R.R. 마틴 등 수많은 젊은이가 전쟁을 반대하며 병역거부를 했을 정도로 부도덕한 전쟁이었습니다. 이 전쟁에 한국군은 미국 다음으로 많은 전투병을 파병했습니다. 1964년부터 1973년까지 한국은 연 인원 32만여 명을 파병했고 파병 군인 가운데 5,000여 명이 군사작전 중 사망했습니다. 한베평화재단 구수정 상임이사의 연구에 따르면 이 기간 동안 한국군의 군사작전으로 베트남인 4만여 명이 죽었고, 그 가운데 9,000여 명이 민간인으로 추정된다고 합니다. 1968년 2월 12일 퐁니, 퐁넛 마을에서 해병 제2여단 1중대가 마을 주민을 몰살한 사건이 비교적 많이 알려져 있습니다. 베트남 전쟁에서 한국군은 철저하게 침략자의 역할을 수행했던 것이죠.

2003년 이라크 전쟁 파병 또한 지울 수 없는 흔적입니다. 조지 W. 부시 미국 대통령은 독재자 사담 후세인이 통치하고 있는 이라크에 대량살상무기가 숨겨져 있다며 이라크를 침공했습니다. 하지만 이라크에서 대량살상무기는 발견되지 않았고, 이라크 전쟁으로 부시 행정부의 부통령 딕 체니 같은 전쟁수혜자들의 재산만 늘었습니다. 이라크 전쟁은 21세기 가장 부도덕한 전쟁의 상징입니다. 한국은 미국의 요청에 따라 이라크 전쟁에도 군대를 파병했습니다. 거센 파병 반대 여론 때문에 전투병을 파병하지는 않았지만, 부도덕한 전쟁에 침략군의 일원으로 동참한 사실은 변하지 않습니다.

파병 문제를 빼고 생각하더라도 현재의 한국은 침략당하는 나라보다는 침략하는 나라에 가깝습니다. 우리나라가 다른 나라를 침략할 거라는 말이 아닙니다. 앞서 말한 것처럼 민주주의가 제대로 작동하는 나라에서는, 국민들이 반대한다면 전쟁을 일으키는 것이 불가능하니까요. 다만 한국의 군사력을 다른 나라들과 비교해봤을 때, 한국을 침략할 수 있을 정도로 강한 군사력을 가진 나라가 많지 않다는 이야기입니다.

스웨덴에 위치한 스톡홀름국제평화연구소(SIPRI)에서는 해마다 4월에 전 세계 각국의 군사비를 발표합니다. 한국은

2019년 439억 달러의 군사비를 지출했습니다. 전 세계에서 열 번째로 많은 지출입니다. 2013년부터 7년 연속 10위를 유지해오고 있습니다.

돈만 많이 쓴 게 아닙니다. 병력과 무기 숫자를 중심으로 전쟁을 수행할 수 있는 경제력과 비상시 동원할 수 있는 전력을 종합적으로 평가하는 '글로벌파이어파워(GFP) 세계 군사력 랭킹'에서 한국은 2020년에 이어 2021년에도 무려 6위를 차지했습니다. 물론 이 집계 방식은 핵무기와 같은 비대칭 전력이 포함되어 있지 않아 완벽하다고는 할 수 없습니다. 하지만 한국이 전 세계에서 손에 꼽히는 군사 강국이라는 점은 충분히 확인할 수 있습니다.

세계를 누비는 부끄러운 Made in Korea

군대를 파병해서 전쟁에 깊숙이 개입하는 것도 큰 문제지만, 군대가 아니더라도 이미 한국은 지구촌에서 일어나는 여러 전쟁과 분쟁에 다양한 방식으로 개입하고 있습니다. 특히 한국은 무기 수출 규모에서 가파른 성장세를 보이고 있습니다. 스톡홀름국제평화연구소에 따르면 한국은 2015년부터 2019년 사이에 열 번째로 많은 무기를 수출한 국가입니다. 이 기

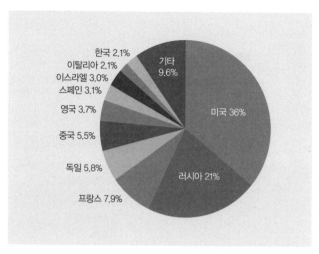

2015년부터 2019년 사이 세계에서 가장 많은 무기를 수출한 10개 국가들의 무기 수출 점유율. 출처: SIPRI

간 동안 전 세계의 무기 거래량 가운데 2.1%를 점유하고 있습니다.

무기 수출의 절대량에서도 세계 10위라는 엄청난 순위를 기록하고 있지만, 더 무서운 건 무기 거래 시장에서의 점유율이 가파르게 상승하고 있다는 점입니다. 2010년에서 2014년 사이의 점유율과 비교했을 때, 2015년에서 2019년 사이의 점유율이 가장 가파르게 증가한 나라가 바로 한국입니다. 다시 말하면, 이미 세계 10위의 무기 수출 국가인데 수출 점유율이 증가하는 속도 또한 아주 가파른 것이죠.

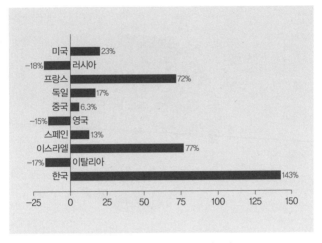

2015년부터 2019년까지 최대 무기 수출국 10개국의 수출량 증감폭
(2010년부터 2014년까지와 비교). 출처: SIPRI

이러다 보니 실제로 한국산 무기가 분쟁 지역이나 독재정
권 치하에서 쓰이는 경우가 발생합니다. 2010년 튀니지에
서 시작되어 북아프리카와 중동으로 퍼져 나갔던 민주화운
동 '아랍의 봄'은 바레인에도 거센 민주화운동 물결을 일으켰
습니다. 바레인 정부는 경찰력을 동원해 민주화운동 세력을
탄압했고, 그 과정에서 경찰은 수백만 발의 최루탄을 무차별
발포해 최소 39명이 죽고 그보다 훨씬 많은 부상자가 발생했
습니다. 이때 바레인 정부에 가장 많은 최루탄을 수출한 국가
가 바로 한국이었습니다. 바레인의 평화활동가들은 한국의

인권단체 '바레인 워치'의 활동가가 한국을 방문해 평화활동가들과 함께 한국산
최루탄으로 인한 바레인 시민들의 피해 사례에 관해 국회에서 발표하는 사진입니다.
당시 바레인 활동가들이 만든 영상도 볼 수 있습니다(https://youtu.be/ajKsxAnNjvQ).

평화활동가들에게 이 사실을 알렸고, 한국의 평화활동가들
은 최루탄이 정부의 허가가 있어야 수출할 수 있다는 것을
알고 정부에 거세게 항의해 최루탄 수출을 막았습니다.

　예멘 내전에서도 한국산 무기가 사용되었습니다. 예멘 내
전은 예멘 정부군과 반군 사이의 전쟁이지만, 주변 아랍 국가
들과 러시아, 미국 등 서방 국가들의 이해관계가 복잡하게 얽
혀 있습니다. 유엔난민기구(UNHCR)가 발표한 자료에 따르
면, 예멘 내전으로 약 10만 명이 죽고 392만여 명이 살던 곳

을 떠나 난민이 되었습니다. 그중 약 27만 명은 예멘을 떠나 세계 곳곳으로 흩어졌습니다. 2018년 6월 제주도에 도착한 예멘 난민 500여 명은 이들 중 일부였습니다.

이들을 난민으로 내몬 것은 전쟁입니다. 그 전쟁의 원인에서 한국도 자유롭지 못합니다. 반군 쪽이 공개한 영상을 보면 반군 병사들이 입을 맞추는 수류탄에 '새열 수류탄'이라고 한글이 새겨져 있습니다. 한화에서 생산하는 수류탄입니다. 〈한겨레21〉의 취재에 따르면 한화가 직접 예멘에 수류탄을 판매한 적은 없다고 합니다. 아마도 UAE나 사우디아라비아처럼 한국이 무기를 수출하는 중동 국가들이 예멘 내전에 개입하면서 자연스럽게 그들의 무기가 반군의 손에 넘어간 게 아

예멘 반군이 정부군과의 교전에서 습득한 것으로 보이는 수류탄.
'새열 수류탄'이라는 한글이 정확하게 찍혀 있습니다.

닐까 추측합니다. 한편 정부군이 반군을 공격하는 또 다른 영상에서는 국방과학연구소가 전체 개발하고 LIG넥스원이 생산한 대전차유도미사일 '현궁'을 발견할 수 있습니다. 결과적으로 예멘 내전에서 정부군과 반군 모두 한국산 무기를 사용하고 있습니다. 게다가 한국 정부는 아크 부대를 보내 UAE의 특전사를 훈련시키고 있습니다. UAE 특전사는 한국군에게 훈련받은 전략과 기술로 예멘 내전에 깊숙이 개입하고 있습니다. 무기를 팔아서, 군대를 훈련시키면서 예멘 내전에 간접적으로 참여하고 있는 셈입니다.

바레인과 예멘은 예외적인 사례가 아닙니다. 전쟁 중인 지역이나 독재정권이 들어선 나라에 한국이 무기를 판매한 사례는 훨씬 광범위합니다. 2018년 200여 명의 사망자를 낳은 터키 아프린주 공습에 한국산 전차가 사용되었고, 2017년에는 시리아와 이라크가 한국산 제조 탄약을 소유했다는 사실이 밝혀졌습니다. 나이지리아 정부는 1983년부터 2006년까지 3만 3,000개 이상의 한국 소총을 구입했고, 나이지리아 내 비무장 그룹이 대우의 K2 자체 탑재 소총을 보유하고 있는 것이 확인되었습니다. 대표적인 비인도적 무기로 이미 많은 국가들이 생산, 사용, 비축, 이전을 금지하고 있는 확산탄의 경우, 한화와 풍산 두 한국 업체가 세계에서 손에 꼽히는 생산 기업입니다(김기남 외,《난민, 난민화되는 삶》, 407~408쪽).

　어떤가요? 한국은 전 세계에서 일어나는 전쟁과 분쟁에서 어느 정도의 위치에 자리 잡고 있나요? 군사비 지출의 규모, 무기 거래 시장에서 차지하는 비중, 실제 분쟁 지역에서 사용되는 무기들을 봤을 때 한국은 이미 전 세계 전쟁터의 주요 행위자인 것이 너무나 명백합니다. 안타깝게도 침략자, 가해자에 가깝죠. 그렇다고 우리가 죄책감에 사로잡혀 있어야 하는 건 아닙니다. 전쟁에 대한 우리의 책임이 크다는 말은 다시 말하면 변화를 크게 가져올 수 있다는 뜻, 전쟁을 멈출 수 있는 힘이 크다는 뜻이기도 합니다. 그렇다면 우리가 가진 힘은 무엇인지, 그 힘을 어떻게 행사해야 전쟁을 막을 수 있는지 계속 알아보겠습니다.

우리가
전쟁을 끝낼 수
있을까

"평화를 원하거든 전쟁을 준비하라!"

굉장히 유명한 말로, 강한 군사력이 있어야 평화를 지킬 수 있다고 생각하는 많은 사람들이 인용합니다. 이 말을 한 사람은 이 말만큼 유명하지는 않은데, 4세기 로마에 살았던 플라비우스 베게티우스 레나투스(Flavius Vegetius Renatus)입니다. 그가 자신의 논문 〈군사학 논고〉에 쓴 글귀입니다. 4세기 로마는 '로마의 평화'라고 불리는 '팍스 로마나' 시절이 저물어가던 시기입니다. '로마의 평화'가 얼마나 폭력적인 개념인지는 이 책의 앞부분에서 이미 이야기했습니다. 플라비우스 베게티우스 레나투스가 폭력적이었던 로마의 영광스러운 시절을 그리워하며 〈군사학 논고〉를 집필하지 않았을까 생각해봅니다.

인류의 역사는 이 격언에 따라 움직였습니다. 수많은 정치인과 군인이 평화를 지키기 위해 강한 군사력을 갖추어야 한다고 역설했습니다. 물론 중국 춘추전국 시대의 묵자나 인도의 간디 같은 이들은 강한 군사력으로 유지되는 평화가 아닌 다른 세계를 꿈꿨지만, 그런 이들은 소수에 불과했습니다. 그 결과가 지금 우리가 살고 있는 세계입니다. 점점 강해지는 무기는 이제 인간의 생명뿐만 아니라 지구 생태계를 회복 불가능할 정도로 파괴하는 수준에 이르렀습니다. 전쟁을 하면 할수록 가난한 사람들은 더 가난해지고, 전쟁으로 이익을 챙기는 이들만 배가 불러옵니다. 평화를 원한다면 전쟁을 준비하래서 그렇게 했더니, 전쟁만 남고 평화는 온데간데없이 사라져버렸습니다. 인류의 오랜 격언은 이제 이렇게 바뀌어야 합니다. "평화를 원하거든 전쟁을 중단하라!"

그런데 말이 쉽지 과연 전쟁을 중단하는 게 쉬운 일일까요? 아직도 "평화를 원하거든 전쟁을 준비하라"는 격언을 그대로 따르는 정치인과 군인이 많고, 특히 기를 쓰고 전쟁을 기획하고 부추기는 군수산업체들과 그들의 충실한 영업사원 역할을 마다하지 않는 안보팔이 정치인들이 현실에서 막강한 힘을 가지고 있으니 말입니다.

우리가 협조하지 않으면 전쟁은 불가능하다:
해나 아렌트, 마하트마 간디, 헨리 데이비드 소로

선전포고를 하거나 국제전에 참전을 결정하는 건 정치인입니다. 실제 전쟁터에서 전투를 수행하는 건 군인이고요. 하지만 전쟁을 중단하거나 막을 수 있는 힘은 시민에게 있습니다. "평화를 원하거든 전쟁을 중단하라!" 이 외침을 실현하는 것은 정치인이나 군인이 아닌 시민의 몫입니다. 전쟁을 막을 수 있는 시민들의 힘, 그 힘의 원천이 무엇인지 살펴보려고 합니다.

제아무리 독재자라고 하더라도 마음대로 전쟁을 할 수 없는 이유에 대해서는 2부에서 이야기했습니다. 사람들이 전쟁을 지지하거나, 동의하거나, 묵인하거나, 최소한 침묵했기 때문에 전쟁이 가능한 것이라고요. 이는 바꿔 말하면 사람들이 동의하지 않거나, 묵인하지 않고, 침묵하지 않는다면 전쟁은 불가능하다는 말입니다. 즉 전쟁을 중단시키는 보통 사람들의 힘은 전쟁에 대해 반대의 목소리를 내고, 반대하는 행동을 하는 데에서 나옵니다.

《예루살렘의 아이히만》에서 '악의 평범성'을 이야기한 것으로 유명한 해나 아렌트(Hannah Arendt)는 이러한 보통 사람들이 가진 힘에 주목했습니다. 아렌트는 "행동할 수 있는 인간의 능력뿐만 아니라, 함께 행동할 수 있는 인간의 능력"에서 항의의 힘이 발생한다고 봤습니다. 아렌트에 따르면 68혁명이라고 부르는 1960년대 말 학생운동, 미국의 민권운동, 간디의 비폭력 저항이 모두 보통 사람들의 힘, 보통 사람들이 행사하는 권력을 보여준 것이죠(에이프릴 카터, 《직접행동》, 132쪽).

아렌트가 언급한 간디의 비폭력 저항은 보통 사람들이 가진 힘의 실체를 잘 보여줍니다. 일례로 '소금행진'을 들 수 있습니다. 영국 정부의 소금세 부과에 저항해 사람들과 함께 직접 소금을 얻기 위해 바다로 행진했는데, 처음 78명으로 시작한 행진이 나중에는 수만 명으로 불어났습니다. 간디는 영국이 인도를 통치할 수 있는 권력은 인도인들의 협조에서 나온다고 생각했고, 보통 사람들에게 중요한 소금을 매개로 인도인의 비협조불복종운동을 조직해 영국 제국주의와 맞섰습니다.

해나 아렌트와 간디는 지배층과 기득권층의 권력이 대중의 동의로부터 발현되는 힘이라고 생각했습니다. 즉 권력의 원천은 정치인이나 은행가, 거대 기업 같은 소수의 엘리트가 아니라 대다수의 민중에게 있고, 정부의 권력은 언뜻 보면 막강해 보이지만 사람들의 적극적인 혹은 소극적인 협력에 의

존하고 있다고 생각한 것이죠. 사람들이 복종하지 않는다면 혹은 협조하지 않는다면, 국가를 지탱하는 여러 제도와 시스템이 무너지고, 그럴 경우 제아무리 독재자라도 자신의 권한을 마음껏 행사할 수 없다고 생각했습니다.

복종하지 않고, 협조하지 않는 힘은 헨리 데이비드 소로(Henry David Thoreau)의 '시민불복종' 개념과도 연결됩니다. 소로는 부당한 법을 거부하고 정의를 지킬 것을 촉구했는데 이를 '시민불복종'이라고 부릅니다. 독재정부나 국가의 부당한 법과 명령에 협조하지 않는 것을 넘어서, 일부러 부당한 법과 명령을 어겨 사회문제로 드러내는 적극적인 직접행동이 '시민불복종'입니다. 베트남 전쟁 당시 베트남 전쟁에 반대하며 생겨난 수많은 병역거부자들이 대표적인 사례입니다. 소로 또한 이런 시민불복종을 몸소 실천했습니다. 미국의 멕시코 침략에 반대하며 전쟁세 납부를 거부해서 감옥에 가기도 합니다.

해나 아렌트나 간디, 소로의 이야기는 사실 사회운동 전반에 해당하는 이야기입니다. 국가 권력에 맞서는 시민운동의 힘에 대한 이야기죠. 이것을 평화의 영역에서는 전쟁과 결부시켜서 생각해볼 수 있습니다. 제아무리 군수산업체들이 전쟁을 부추기고 독재자가 전쟁을 승인하려 해도, 우리가 전쟁에 동의하지 않고, 더 나아가 전쟁을 반대하고, 전쟁 참여에 불복종한다면 전쟁을 막을 수 있다는 뜻입니다.

전쟁을 억제하고 중단시킨 시민의 힘:
베트남 전쟁, 이라크 전쟁

늘 그렇듯 말보다 실천이 어렵습니다. 보통 사람들은 자신이 희생하거나 혹은 손해를 보면서까지 부당한 일에 저항하기가 쉽지 않습니다. 그것이 잘못된 일이라는 것을 알면서도요. 게다가 전쟁이 일어나는 원인은 워낙 다양하고 복잡하게 얽혀 서로를 지탱하고 있기 때문에, 보통 사람들이 반전집회를 하고 전쟁에 동참하는 걸 거부한다고 해서 지구상의 전쟁이 한순간에 뚝딱 사라지지는 않을 겁니다. 그렇다고 불복종과 비협조가 의미 없는 것은 아닙니다. 시민들의 반대가 거세질수록 정부는 전쟁을 수행하기 어려워지기 때문입니다. 실제로 거센 저항행동은 전쟁 자체를 당장 중단시키지는 못하더라도, 전쟁의 양상을 바꾸거나 전쟁이 중단되는 시점을 앞당길 수 있습니다. 대표적인 사례 두 가지를 들어보겠습니다.

2003년 3월 20일 미국은 이라크를 침공합니다. 미국은 이라크 침략에 대한 정당성을 강조하기 위해 이라크가 대량살상무기를 숨기고 있다고 거짓말하는 한편 동맹국들에게 참전을 요구합니다. 당연히 한국도 파병을 요구받았습니다. 당시 이라크 전쟁이 부당한 전쟁이라는 인식이 전 세계에 퍼져 있었고 세계의 주요 도시에서는 반전집회가 이어졌습니다. 한국에서도 큰 규모의 파병 반대 시위가 거듭되었고, 파병을 반대하며 현역 이등병이 병역거부를 하기도 했습니다.

당시 노무현 정부는 결국 한국 시민들의 거센 파병 반대 여론을 등에 업고 미국과 협상을 해서 비전투병 3,000명을 파병하는 것으로 결정합니다. 물론 파병을 하지 않는 것이 가장 좋은 선택이었겠지만, 시민들의 파병 반대 운동이 없었다면 미국의 압박으로 전투병을 파병할 수밖에 없었을 겁니다. 그랬다면 한국 젊은이들이 이라크에서 죽게 되고, 한국 군인의 총에 이라크 사람들도 죽어갔겠죠. 파병 반대 운동이 이라크 전쟁을 중단시키지는 못했지만, 전투병 파병을 막음으로써 전쟁이 더 커지고 더 오래 지속되고 더 많은 사람이 죽거나 다치는 것을 방지할 수 있었습니다.

시민들의 강력한 힘은 때로는 전쟁이 중단되는 시점을 앞당기기도 합니다. 1960년대와 1970년대에 걸쳐 약 10여 년 동안 세계에서 가장 부유한 나라가 조그만 농업 국가를 침공했습니다. 바로 베트남 전쟁입니다. 베트남 전쟁을 중단시킨 것은 반전운동의 힘이었습니다.

다양한 사람들이 다양한 방식으로 반전운동에 참여했습니다. 미국의 젊은 남성들은 징병을 거부했습니다. 1965년 중반까지 징병 거부로 기소당한 사람이 380명이었는데, 1969년 말에는 징병거부자가 3만 4,000여 명에 달했습니다(하워드 진, 《미국민중사2》, 234쪽). 군인들은 베트남 전장에서 탈영해 캐나다, 스웨덴 등지로 망명했습니다. 탈영병의 숫자는 1967년 4만 7,000여 명에서 1972년 8만 9,000여 명으로 늘어났습니다 (《미국민중사2》, 255쪽).

전쟁터에 남은 병사들도 반전운동에 동참하는 뜻으로 검은 완장을 착용하기도 했습니다. 제대한 군인들은 단체를 결성해서 전쟁의 참상을 알렸습니다. 베트남에서 받은 훈장을 국회의사당 담장 너머로 집어던지기도 했습니다. 마틴 루서 킹 목사는 반전 연설을 했고, 형제가 나란히 가톨릭 사제였던 필립 베리건 신부와 대니얼 베리건 신부는 병무청 사무실에 들어가 징병 서류를 불태웠습니다. 음악가들은 우드스톡 페스티벌에서 전쟁 반대를 노래했고, 시민들은 거리에서 전쟁 반대를 외쳤습니다.

미국 정부는 곳곳에서 이어지는 반전운동에 애써 태연한 척했지만 결국에는 반전 여론에 밀려 전쟁을 중단할 수밖에

1969년 11월 14일 뉴욕 센트럴파크에서 열린 베트남 전쟁 반대 집회.
존 레논도 반전운동에 적극 참여했습니다. 그는 투쟁가를 만들어
거리에서 사람들과 함께 부르기도 했는데요,
〈Give peace a chance〉도 그때 만든 곡입니다.
https://youtu.be/C3_0GqPvr4U

없었습니다. 리처드 닉슨 미국 대통령은 1969년에 "어떤 상
황에서도, 그 어떤 반전운동에도 영향 받지 않을 것"이라고
했지만, 결국 반전운동 때문에 전쟁을 확대하지 못하고 중단
한 것을 인정했습니다. 그는 회고록에서 다음과 같이 말합니
다. "공개적으로 격렬한 반전 논의를 계속 무시했지만…….
그 모든 항의와 전쟁 중지 시위가 벌어진 뒤, 전쟁을 확대시
키면 미국의 국내 여론이 심각하게 분열될 것이라는 사실을

나는 알고 있었다."

미국 정부는, 베트남 전쟁을 중단한 것은 정부의 결단이었다고 이야기하고 싶어 합니다. 시민들의 반대 때문에 전쟁을 중단했다고 하면 시민들의 힘을 인정하는 셈이고, 그렇게 되면 시민들이 자신의 힘을 자각해 국가의 중요한 결정에 개입할까 봐 두려웠을 수도 있습니다. 하지만 아무리 외면하려 해도 보통 사람들의 힘이 정부의 판단에 큰 영향을 미쳤다는 것이 많은 자료, 심지어 대통령 회고록과 미 국방부에서 작성한 문서들에도 드러나 있습니다.

이처럼 시민들이 가진 힘은 전쟁이라는 거대한 세계에 균열을 낼 수 있습니다. 때로는 아예 작은 균열도 못 내고 사그라지거나 겨우 작은 균열 하나를 만들어내지만, 그 균열이 쌓이고 쌓여 큰 변화를 가져오기도 하고 전쟁을 멈추게도 합니다. 보통 사람들, 시민들이 해야 할 일이 좀 더 명확해지지 않았나요?

우리는 전쟁을 반대하고, 전쟁이 잘못되었다고 말하고, 전쟁을 중단하자고 이야기해야 합니다. 젊은 남성들은 징집을 거부하고, 선생님들은 전쟁을 찬양하는 교육 커리큘럼을 거부할 수 있습니다. 노동자들은 전쟁 물자를 생산하고 운반하는 것을 거부할 수 있고요. 우리는 그러한 일을 '평화운동'

이라고 부릅니다.

　다음 장에서는 평화운동은 어떻게 전쟁과 맞서고, 어떻게 전쟁을 중단시키는지 살펴보겠습니다.

평화운동은
어떻게 전쟁과
맞서나

노벨평화상은 노벨상 가운데 가장 명예로운 상인 동시에 가장 논란이 많이 일어나는 상이기도 합니다. 역대 수상자의 면면을 보면 그럴 만도 합니다. 특히 베트남 전쟁 종전 협정에 기여했다며 헨리 키신저가 받았던 1973년 노벨평화상은 지금 봐도 이상합니다. 가장 큰 책임이 있는 정치인이 오히려 노벨평화상을 받았으니, 친구를 먼저 때리고 나서 사과했다고 착한어린이상을 주는 거랑 다를 바가 없죠. 2009년 버락 오바마 미국 대통령처럼 업적을 내기도 전에, 잘할 거라는 기대감만으로 상을 주는 경우도 있었습니다.

물론 마땅히 받아야 할 사람이 수상한 경우도 많습니다. 왕가리 마타이(2004년)나 넬슨 만델라(1993년)처럼 평화와 민주주의의 개념을 확장하거나, 김대중 대통령(2000년)처럼 평화 진전에 성과를 보여주거나, 데즈먼드 투투 주교(1984년)처럼 비폭력운동을 전개한 수상자들이 그렇습니다. 키신저, 오바마, 만델라, 김대중. 그들의 공과를 따질 순 있어도 그들이 현대사에서 국제 정치에 지대한 영향력을 행사한 거인이었다는 사실은 누구도 부정할 수 없습니다.

이렇게 대단한 사람들만 노벨평화상을 받는 것은 아닙니다. 비교적 최근인 2017년 노벨평화상 수상자는 '핵무기폐기국제운동(ICAN)'이었습니다. ICAN은 100개 국 이상이 서명해 2017년 유엔 총회에서 통과했고 2021년 1월 22일부터 발효된 핵무기금지조약을 이끌어낸 평화운동단체입니다. 평화운동의 성과를 노벨상이 인정한 셈이죠.

물론 꼭 노벨평화상을 받아야만 의미 있는 것은 아닙니다. 상은커녕 사회적으로 주목받지 못하면서도 전쟁을 예방하고 중단시키고 종식시키는 데 중요한 역할을 해온 평화운동이 아주 많습니다. 평화운동이 어떻게 전쟁과 맞서왔는지 살펴보겠습니다.

망치를 든 평화활동가:
앤지 젤터, 베리건 신부 형제

먼저 한 가지 오해를 풀고 가려고 합니다. 평화는 당파적이고 논쟁적인 개념이며, 다양한 정치적 입장과 이해관계가 충돌하는 장이라는 말을 여러 번 했습니다. 여러 번 강조한 까닭은, 평화는 '갈등이 없는 것'으로 오해받는 경우가 많기 때문입니다. 평화를 추구하는 평화운동 또한 어떤 종류의 갈등도 일으켜서는 안 된다고 생각하는 사람이 많습니다. 평화운동은 국가폭력이 때리면 그냥 맞기만 해야 한다거나, 불합리한 장면을 목격하더라도 화내지 않고 착하게 말해야 한다고 생각하는 사람도 있습니다. 앞서 여러 차례 말했듯이 갈등이 없는 평화 상태는 결국 지배자의 평화입니다. '팍스 로마나'를 기억하시죠? 갈등은 평화운동의 중요한 속성입니다. 평화운동이 늘 착하고 얌전하기만 한 것은 아닙니다.

1996년 1월 29일, 세 명의 여성이 영국 랭커셔에 있는 BAE(영국 최고의 군수산업체) 공장에 몰래 숨어 들어가 망치로 호크기 전투기를 때려 부숩니다. 이들은 현장에서 체포되었지만 리버풀 법원에서 무죄를 선고받습니다. 군수산업체 공장에 무단 침입해 망치로 기물(전투기)을 파손한 것은 분명

범죄지만, 더 큰 범죄인 전쟁 범죄를 막기 위한 행동이었다는 게 인정되었기 때문입니다. 그 호크기가 망가지지 않았다면 예정대로 인도네시아에 팔렸을 것이고, 동티모르 사람들을 폭격하는 데 쓰여 많은 사람들이 죽었을 것이라는 거죠. 특히 비폭력 저항을 이어가던 시민들이 많이 다치거나 죽었을 텐데, 그걸 막기 위한 불가피한 행동이었다는 것을 재판부가 인정했습니다. 망치로 전투기 조종석을 때려 부수는 과격한 행동이었지만, 앤지 젤터(Angie Zelter)의 이 행동은 평화운동에서 굉장히 유명한 직접행동입니다.

ⓒ 평화바람

앤지 젤터는 제주 강정 마을 해군기지 건설 반대 운동에도 참여했습니다. 구럼비 바위로 가는 길을 막은 철조망을 절단기로 끊다가 경찰에 연행되어 한국에서 추방당하기도 했습니다.

망치로 무기를 때려 부수는 직접행동은 가톨릭 신부님들이 원조였습니다. 미국의 가톨릭 신부이자 형제였던 필립 베리건 신부와 대니얼 베리건 신부는 1980년 9월 8일 펜실베이니아에 있는 군수산업체 제너럴 일렉트릭 공장에 잠입해 핵탄두의 부품을 망치로 부숩니다. 성경의 구절 '칼을 쳐서 보습을'에서 착안한 이 직접행동을 '쟁기날운동(Ploghshares Movement)'이라고 부릅니다. 이 형제 신부는 베트남 전쟁 당시에는 병무청 사무실에 쳐들어가 징집 서류를 몽땅 들고 나와 주차장에서 불태워버리기도 했습니다. 기물 파손, 방화라는 무시무시한 행동이었지만, 이들은 철저하게 비폭력적으로 행동했습니다. 전쟁에 맞서는 평화운동의 직접행동은 때로는 이렇게 과격하기도 합니다.

앤지 젤터와 베리건 신부의 직접행동을 사례로 든 것은 평화운동에 대한 오해나 편견을 깨기 위한 것이지 평화운동이 무조건 망치 들고 뭔가를 부수는 운동이라는 뜻은 아닙니다. 이런 방식의 직접행동은 보통 사람들이 동참하기는 어렵지만, 당장 일어날 부정의한 일을 막고 사회문제를 드러내는 데 효과적입니다. 많은 사람들이 사회문제로 인식하기 시작했다면 더 많은 사람들이 목소리를 낼 수 있는 다양한 방식이 필요합니다. 평화운동은 이처럼 상황과 조건에 맞게 다양한 방법으로 전쟁에 맞섭니다. 평화운동의 다양한 방법들이 어떤 원리로 전쟁 중단이라는 목표를 달성하는지 이야기해보겠습니다.

평화운동이 목표를 달성하는 세 가지 방법:
항의와 설득, 비협조, 비폭력 개입

평화운동의 목표를 거칠게 정리해보면 다음과 같습니다.

이미 진행 중인 전쟁을 중단시키거나, 전쟁이 일어나기 전에 전쟁을 예방하거나, 전쟁이 끝난 뒤에 다시는 전쟁이 일어나지 않는 사회를 만드는 것이 목표입니다. 이 목표를 달성하기 위해 평화운동이 택하는 방법은 크게 세 가지로 분류할 수 있습니다.

먼저 평화운동은 부당한 일에 항의하거나 평화운동이 주장하는 바를 설명하고 설득합니다. 예를 들면 파병 반대 같은 구호는 항의에 해당하고, 군사비 축소는 주장과 설득에 해당합니다. 다양한 방식으로 항의하고 주장하고 설득합니다. 안보팔이 정치인들의 잘못을 폭로하기 위해 기자회견을 하고, 군수산업체가 부당하게 얻는 이익을 사회에 알리기 위해 선전물을 만들어 배포하고, 전쟁에 반대하는 시민들의 힘을 모으기 위해 대규모 집회를 엽니다. 국회가 파병동의안을 통과시키지 않도록 요구하는 서명을 받기도 합니다. 우리가 평화운동이나 사회운동을 떠올릴 때 흔히 생각하는 방식들 대부분이 항의와 설득입니다. 이러한 방식은 많은 사람들이 쉽게 동참할 수 있습니다. 많은 사람들이 평화운동의 문제 제기에 공감할 때 이런 방식이 효과적입니다.

평화운동의 두 번째 방식은 비협조입니다. 비협조는 말 그대로 '협조하지 않는 것'입니다. 앞서 살핀 것처럼 아무리 독재정권이라고 하더라도 전쟁을 수행하려면 시민들의 동의와 협조가 필요합니다. 군 입대를 거부하거나, 특정한 전쟁에 참여하라는 명령 또는 핵무기(생화학무기)를 사용하라는 명령을 거부하는 병역거부가 대표적이죠. 교사가 전쟁을 찬양하는 역사 가르치기를 거부하거나, 전쟁을 지지하는 기업 또는 전쟁으로 돈을 버는 기업의 제품을 보이콧하는 것도 비협조에 해당합니다. 군사기지에서 무기가 반출되는 것을 막거나, 무모한 군사작전을 중단시켜야 할 때처럼 무언가를 긴급하게 막아설 때 효과적인 방식입니다. 또한 특별할 것 없는 개인이 자신의 영향력을 극대화할 수 있는 방식이기도 합니다. 비협조는 국가가 전쟁을 수행하는 데 직접적으로 방해가 되는 효과적인 방식이지만, 처벌을 받을 수도 있습니다. 그렇기 때문에 모든 사람이 이 방식에 동참하기는 어렵습니다. 참여하는 사람도 많은 준비를 해야지 잘못하면 목표를 달성하지 못한 채 희생만 치를 수도 있습니다.

마지막 방식은 비폭력 개입입니다. 비협조가 '무엇인가를 하지 않는 방식'으로 전쟁에 맞선다면, 비폭력 개입은 '무언가를 적극적으로 행동하면서' 전쟁을 예방하고 전쟁 준비를 막아섭니다. 비폭력 개입은 크게 둘로 나눌 수 있습니다. 먼저 '저항을 위한 비폭력 개입'입니다. 위에서 말한 앤지 젤터나 베리건 신부의 사례가 이에 해당합니다. 전투기를 못 쓰게 망가뜨리거나 무기 박람회의 입구를 봉쇄하는 직접행동을 생각하면 이해가 쉽습니다. 다른 하나인 '대안을 위한 비폭력 개입'은 주로 구조적 폭력이나 문화적 폭력을 극복하려는 노력입니다. 평화를 가르치는 교육 커리큘럼을 만든다거나, 평화 담론을 형성하고 널리 전파하기 위해 잡지를 만드는 일이 이에 해당합니다. 에스페란토어 운동처럼 갈등을 해소하기 위해 대안 언어나 대안 지식을 만드는 일 또한 대안을 위한 비폭력 개입입니다.

평화운동의 원칙, 비폭력

전쟁 반대를 외친다고 해서, 혹은 위의 세 가지 방식으로 활동한다고 해서 다 평화운동은 아닙니다. 평화운동은 어떠해야 한다는 합의된 도덕이 따로 존재하지는 않습니다만, 평화운동에도 기본적인 원칙이 있습니다. 제가 생각하는 평화운동의 기본 원칙은 비폭력이어야 한다는 것입니다. 저는 사실 평화운동뿐만 아니라 사회운동은 모두 비폭력적이어야 한다고 생각합니다. 그리고 그중에서도 특히 평화운동은 비폭력의 원칙을 더욱 철저하게 지켜야 한다고 생각합니다. 왜 비폭력이 평화운동의 원칙이어야 할까요? 크게 세 가지 이유로 정리해보겠습니다.

먼저 평화운동은 폭력과 맞서 싸우는 운동이고, 그 방식은 그 목적과 일치해야 하기 때문입니다. 미국의 사회운동가 나오미 울프(Naomi Wolf)는 이런 말을 했습니다. "싸우는 과정 자체가 그 싸움을 통해 획득하고자 하는 사회의 모습을 닮아야 한다." 인권운동의 목표를 달성하기 위해 반인권적인 방법을 써서는 안 되는 것과 마찬가지죠. 가끔씩 눈앞에 보이는 성과 때문에 이런 원칙이 흔들리는 경우도 있습니다. 그런 경우에도 원칙은 중요합니다. 평화운동에서 '평화'는 도달하고

자 하는 미래의 상태 혹은 결과가 아니라, 지금 당장의 실천이자 방법 그 자체이기 때문입니다.

시인이자 활동가인 오드리 로드(Audre Lorde)는 《시스터 아웃사이더》에서 이런 말을 했습니다. "주인의 도구로는 주인의 집을 부술 수 없다." 평화운동이 단순히 지금 진행 중인 전쟁을 중단하는 것만이 목표라면 때로는 수단보다 목표 달성이 더 중요할 수도 있겠죠. 하지만 평화운동은 전쟁을 일으키는 정치인 한 명 혹은 군수산업체 몇 개를 제거하는 운동이 아닙니다. 전쟁과 폭력이 지속되는 사회 구조나 이데올로기를 근본적으로 바꾸는 운동입니다. 폭력이라는 도구로는 결코 폭력과 전쟁이 만든 집을 부술 수 없습니다.

두 번째는 원칙이라고 말하기는 조금 부족하다고 느껴지지만 어쩌면 가장 실질적인 이유입니다. 비폭력적인 방식이 평화운동의 목표를 달성하는 데 훨씬 효과적이기 때문입니다.

박근혜 퇴진 촛불집회 당시 이른바 3.5% 법칙(대규모 집회의 경우 전 국민의 3.5% 이상이 참여하면 정치적 목적을 달성할 수 있다는 법칙)으로 유명해진 《비폭력 시민운동은 왜 성공을 거두나?》는 20세기와 21세기 초반의 굵직한 사회운동 사례를 분석해서 비폭력적인 방식이 실제 성공 확률이 높다는 것을 수치로 증명합니다. 물론 이 책에서 다룬 323건의 사회운동이 모두 평화운동은 아닙니다만, 이중 다수가 평화운동이기도 하고 사회운동의 일반적이고 보편적인 개념 위에서 진행된 연구인 만큼 평화운동에 그대로 적용해도 무방합니다. 게다가 폭력적인 방식은 평화활동가들보다는 군대나 군수산업체, 안보팔이 정치인들에게 익숙한 방식입니다. 그러니 평화운동에 불리한 방식이고, 반대로 평화운동이 맞서는 상대방에게는 익숙한 방식입니다. 폭력과 비폭력, 어떤 방식이 평화운동의 성공 가능성을 높일 수 있을까요? 답이 명확한 질문이지 않나요?

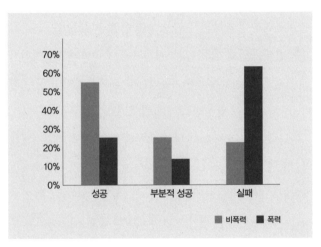

에리카 체노웨스와 마리아 J. 스티븐의 연구는 사회운동에 있어
비폭력적인 방식이 폭력적인 방식보다 성공할 확률이 높다는 것을 보여줍니다.
출처: 에리카 체노웨스·마리아 J. 스티븐, 《비폭력 시민운동은 왜 성공을 거두나?》, 27쪽

마지막으로 폭력적인 수단은 평화운동 내부의 민주주의를 무너뜨리기 때문입니다. 괴물과 싸우다 괴물을 닮아버린 이야기를 우리는 너무 많이 알고 있습니다. 짐바브웨의 무가베 전 대통령은 37년 동안 대통령 자리를 내려놓지 않은 독재자로 우리에게 알려져 있지만, 원래는 영국 제국주의에 맞서 싸운 독립운동가였습니다. 피델 카스트로 또한 쿠바의 악명 높은 독재자 바티스타에 맞서 체 게바라와 함께 쿠바혁명을 승리로 이끈 혁명가였지만, 혁명 이후 민주주의와는 거리가 먼 모습을 보였습니다. 물론 카스트로 입장에서는 미국의 경제 봉쇄를 핑계 삼을 순 있겠죠. 그 핑계가 아주 틀린 말은 아닙니다. 하지만 정상 참작 정도는 할 수 있더라도 그게 민주주의를 파괴한 행위에 대한 완전한 변명이 되기는 어렵습니다.

　제국주의와 파시즘에 맞섰던 혁명가들 중 많은 수가 나중에 독재자가 되어버린 것은 결코 우연이 아닙니다. 외부의 적과 싸우면서 내부의 민주적 구조를 강화하는 일을 게을리한 탓이고, 더 직접적으로는 더 큰 폭력과 싸우면서 폭력에 대해 성찰하지 않았고, 그 결과 폭력에 길들여졌기 때문입니다.

다시, 평화에게 기회를

평화운동이 전쟁과 맞서는 방법, 그리고 평화운동의 원칙에 대해 살펴봤습니다. 원칙이라고 하니까 굉장히 거창한데, 도덕적인 정언 명령이나 종교 교리처럼 반드시 지켜야 할 규율이라기보다는, 전쟁과 폭력에 더 잘 맞서기 위한 길을 찾아가는 과정이라고 생각합니다. 전쟁을 반대하는 이유가 무엇이고, 전쟁과 폭력 반대편에서 이룩하고자 하는 평화가 무엇인지, 그 평화는 어떻게 만들 수 있을지를 끊임없이 생각하고 토론하고 수정하고 실천하는 그런 과정 말입니다.

평화는 한 가지 방식, 한 가지 생각, 한 가지 감정으로 완성되지 않습니다. 한 가지 정답만 존재하는 것이 바로 '폭력'입니다. 전쟁터에선 승리자와 패배자, 아군과 적군, 정답과 오답만 존재합니다. 하지만 평화의 세계에는 다양한 길이 있습니다. 남성의 평화와 여성의 평화가 다르고, 부자가 느끼는 공포와 가난한 이가 느끼는 공포가 다릅니다. 부자 남성과 가난한 남성, 부자 여성과 가난한 여성 사이에 복잡하게 얽혀 있는 길을 발견하고 연결하는 것이, 폭력과는 다른 평화의 시선입니다.

평화의 시선으로 전쟁을 바라보고, 전쟁에서 누가 죽고 다치는지, 누가 돈을 벌고 이익을 챙기는지를 살펴보는 것, 서로의 평화가 어떻게 만나고 어긋나는지 찬찬히 들여다보는 것, 전쟁에 맞서는 우리가 가진 힘을 믿고, 그 힘을 효과적이면서 지혜롭게 쓰는 방법을 함께 찾아가는 것. 이런 것들이 전쟁과 맞서기 위해, 평화에게 기회를 주기 위해 우리가 해야 하는 노력입니다. 쉽지 않지만 재밌고 즐거운 일입니다.

'평화'를 살아간다는 것

제 이야기가 재미있게 혹은 흥미롭게 다가왔을지 모르겠습니다. 저는 이 책을 지식이나 정보를 전달하기 위해 쓰지 않았습니다. 물론 주장의 설득력을 더하기 위해 구체적인 수치를 제시하거나 역사적 사건을 인용하기는 했습니다만, 요즘 이런 정보는 인터넷에서 어렵지 않게 찾을 수 있습니다. 제가 이 책을 통해 전하고 싶은 건 전쟁과 폭력의 논리, 군사주의의 시선으로 바라보는 세상을 낯설게 볼 수 있는 기회입니다. 물론 제 생각에 고개를 갸웃한 이들도 있을 겁니다.

많은 사람들이 평화운동의 주장과는 사뭇 다른 생각을 합니다. 어쩌면 당연할 일일지도 모릅니다. 이미 많은 사람이 공감하고 있거나 사회에서 보편적인 생각으로 인정받는 이슈라면 평화운동이 해야 할 역할이 없겠죠. 평화운동은 평화의 가치가 훼손되고 있는 곳, 평화권이 무참히 짓밟히고 있는 곳, 전쟁과 폭력의 이데올로기가 강력한 곳에서 더 큰 힘을 발휘합니다. 평화적인 수단으로 전쟁과 폭력에 맞서는 일이 인정받지 못하는 곳일수록 평화운동이 필요합니다. 그러니 평화운동은 늘 환영받지 못한 곳에서 피어날 수밖에 없습니다. 특히 한국은 분단 상황이고, 한국전쟁은 종전(終戰)이 아니라 정전(停戰) 상태이기 때문에 평화운동이 어렵습니다. 하지만 그렇기 때문에 우리에겐 더욱 평화운동이 필요하고 중요하다고 생각합니다.

책을 쓰면서 한국 사회에서 아직은 보편적으로 받아들여지지 못하는 주장을 하려다 보니 고민이 많았습니다. '어떻게 말해야 사람들이 귀를 기울일까, 우연히 책을 접했다면 바로 놓지 않고 읽게 할 순 없을까, 책을 읽었다면 스스로 생각하게 할 수 있는 방법은 무엇일까?' 연구자나 글쓰기를 업으로 삼는 작가가 아니라 평화활동가의 장점을 잘 살려야겠다고 생각했습니다. 평화학을 이론으로 정립하는 것은 학자들이, 미학적인 문장으로 사람들에게 울림을 주는 것은 작가들이 잘합니다. 저는 평화학을 체계적으로 공부한 적도 없으며, 아름다운 문장을 쓰면 좋겠지만 노력과 의지만으로 되지도 않더군요. 그래서 제가 평화운동을 하면서 겪은 일들, 고민한

흔적들을 담고자 했습니다. 그러면 학자들의 글보다는 생동감 있고, 작가들의 글보다는 논리정연할 수 있지 않을까 생각했습니다.

그리고 쉽게 읽을 수 있는 책을 쓰려고 노력했습니다. 쉬운글이 무조건 좋다고 생각하지 않습니다. 특히 세상을 다른 시선으로 보는 글, 보편적인 인식에 균열을 내려는 책은 어느 정도 불편하고 어려울 수밖에 없다고 생각합니다. 그래도 쉽고 재밌게 읽을 수 있는 책을 쓰려고 노력했습니다.

당연히 이 책은 평화의 모든 것을 이야기하지 않습니다. 제가 하고 싶은 이야기 가운데 다루지 못한 것도 있습니다. 보통 사회운동이라고 하면 우리는 정의롭지 못한 사회 구조에 저항하는 활동, 이 구조에 기대어 사람들을 착취하는 권력층이나 기득권층과 맞서는 활동을 떠올립니다. 이런 활동은 사회의 문제점을 사람들에게 알리고 고쳐나가는 활동이기 때문에 매우 중요하죠. 하지만 세상이 온전히 변하려면 이것만으로는 부족합니다. 부정의를 무너뜨리는 운동과 함께 새로운 구조와 질서를 만드는 운동, 낡은 것을 무너뜨리는 활동과 동시에 새것을 세우는 활동이 필요합니다. 대안적인 시스템을 만들고 새로운 패러다임을 확산시키는 활동이 요한 갈퉁이 이야기한 '적극적 평화', 혹은 제가 활동하는 전쟁없는세상에서 말하는 '건설적 대안 만들기'일 것입니다. 정말 중요한 주제이지만 제 경험이 충분하지 않아서 책에 담지 못했습니다. 책을 읽은 여러분이, 평화학 연구자들과 동료 활동가들이 채워 주리라 믿습니다. 평화운동은 고독한 마라톤이 아니라, 함께 달리기인 동시에 이어 달리기니까요.

평화운동에 초대하는 초대장

앞에서 이 책은 많은 사람들을 평화운동에 초대하는 초대장이라고 밝혔습니다. 커다란 바람이 있습니다. 이 책이 여러분의 몸을 통과해 어떤 변화를 가져왔다면, 평화운동에 함께하기로 마음먹은 것이기를 바랍니다. 평화운동단체에 들어가서 직업적인 활동가가 되라는 말이 아닙니다. 물론 저야 동료가 많이 생기면 좋고 한국 사회에는 더 많은 직업 활동가가 필요하지만, 평화를 위한 실천이 직업 활동가들만의 전유물은 아닙니다. 또한 평화를 실천할 수 있는 현장은 우리 삶의 모든 영역에 있습니다. 강한 군사력만이 평화를 지킬 수 있다는 생각으로 봤을 때는 보이지 않던 곳을, 질서를 유지하기 위해 어느 정도의 폭력은 필요하다는 생각으로 지나쳤던 일상 속의 사회부정의를 발견했다면, 그 시공간이 바로 평화에게 기회를 줄 수 있는 현장입니다.

'평화를 살아간다는 것'은 우리의 일상과 사회 구조 속에서 전쟁의 원인을 제거하는 일이라고 생각합니다. 다시 말해 전쟁이나 군사적인 수단 대신 평화에게 기회를 주는 일이죠. 우리가 할 수 있고 해야 할 일입니다. 전쟁은 우연하게 혹은 자연발생적으로 일어나지 않습니다. 일상적인 착취와 차별의 결과물입니다. 평화 또한 저절로 오지 않습니다. 우리 일상과 사회 구조를 바꾸기 위한 무던한 노력에서 얻어집니다.

평화에게 기회를 줄 수 있는 사람, 바로 이 책을 읽은 당신입니다.

뜨거운 감자, 한국의 병역제도

평화운동이 다루는 이슈는 다른 사회운동 이슈와 비교했을 때 사람들의 일상과 직접적인 연관이 없는 경우가 많습니다. 예를 들면 노동운동이 주로 다루는 이슈들은 사람들이 일상에서 쉽게 접하는 것들입니다. 해고나 산업재해 같은 일은 노동자라면 누구나 겪을 수 있죠. 내가 노동자가 아니더라도 택배 노동자, 마트 노동자, 식당 종업원 등 무수한 노동자를 마주하며 살기 때문에 노동 이슈가 먼 일처럼 느껴지지 않습니다. 낙태죄 폐지나 디지털 성범죄 같은 이슈도 뭇 여성들이 체감하는 문제들입니다. 반면 평화운동 이슈는 대다수의 일상과는 거리가 멀어 보입니다. 전쟁이 나쁘다고들 생각하지만 당장 우리 동네에서 전쟁을 마주하지는 않습니다. 전쟁 무기 또한 평소에는 직접 마주할 일이 없죠. 평화운동이 다루는 이슈 가운데 그나마 많은 사람들의 삶에 밀접하게 맞닿아 있는 것이 바로 군대, 특히 병역제도입니다.

군대 문제는 한국 사회에서 늘 뜨거운 감자였습니다. 군사 독재 시절에는 군대에 대해 조금이라도 나쁘게 말하면 잡혀가거나 북한을 이롭게 하는 빨갱이라고 손가락질 당했습니다. 요즘 그런 극단적인 반공주의는 힘을 잃었지만 다른 측면에서 군대 문제는 여전히 뜨거운 이슈입니다. 특히 병역제도와 관련한 이슈는 사회적인 쟁점이 되는 순간 상당한 폭발력을 보입니다. 관련 기사가 쏟아져 나오고 인터넷 커뮤니티와 SNS에서도 의견 개진이 활발하게 이루어집니다.

병역제도는 우선 인구의 절반인 남성 대다수에게는 피부로 와닿는 문제입니다. 병역제도의 시행 과정을 살펴보면 사회의 여러 쟁점이 얽혀 있습니다. 국가 행정의 문제이기도 하고, 사회의 공정성이나 형평성의 문제이기도 하며, 성차별이나 성폭력과 연결된 문제이기도 합니다. 그러다 보니 젊은 남성들뿐만 아니라 여성들이나 나이 든 사람들, 이주민들까지도 병역제도에 직간접적인 영향을 받습니다. 병역제도를 둘러싼 논란이 폭발력 있는 이슈인 게 어쩌면 자연스럽고 당연한 일입니다.

평화운동이 결코 피할 수 없는, 우리 사회의 뜨거운 감자인 병역제도에 대해 짧게 살펴보려고 합니다. 병역제도의 모든 것을 다루지는 않습니다. 필요한 일이지만 이 책의 주제가 아니니까요. 저는 평화운동이 주목해야 하는 다양한 시선들을 바탕으로 병역제도의 여러 측면을 살펴보겠습니다. 먼저 병역제도와 만나는 사회적인 쟁점들입니다.

병역제도라는 해결 불가능한 고차방정식: 국가 행정과 병역제도

보통의 시민들에게는 병역제도와 관련해 국가 행정의 관점은 큰 관심사가 아닙니다. 하지만 정부 입장에서 '기능상 수요 측면의 군 병력과 공급 측면의 병역 자원을 연결하는 매개'(김신숙, 《한국의 병역제도》, 9쪽)로서 병역제도는 굉장히 중요합니다. 만 19세가 되면 신체검사를 받고 입영통지서가 나오면 군대에 다녀오는 게 너무 당연한 일이라 이 절차가 자연스럽게 진행되는 것 같지만, 실은 굉장히 복잡한 과정을 거친 결과입니다. 군대 갈 사람의 숫자는 20년 전에 정해져 있는 반면, 필요한 군인 숫자는 20년 뒤에 결정되기 때문입니다. 20년 동안 숙성시켜야 하는 와인을 20년 후에 얼마나 판매될지 가늠해 만드는 것과 같습니다. 아니 와인보다 더 어려운 것이, 와인은 마음먹은 수량만큼 만들 수라도 있지만 아이들이 태어나는 일은 국가가 통제할 수 없습니다. 여러 정책을 통해 어느 정도는 영향을 끼칠 수 있겠지만요.

아무튼 이 근본적인 모순이 병역제도, 특히 징병제가 태생적으로 갖고 있는 어려움입니다. 더욱이 이 문제는 안보 혹은 국방만의 문제가 아닙니다. 국방부 입장에서는 훌륭한 군인이 많을수록 좋겠지만, 사회 다른 영역에도 인재가 필요합니다. 예컨대 산업 현장이나 교육 현장에 필요한 사람들을 무작정 다 국방으로 집중시킬 수 없는 것과 같습니다. 행정적인 관점에서 병역제도는 국방의 문제이면서 산업의 문제이고, 사회 전체 인구 구조와 맞물려 작동하는 아주 복잡한 방정식이죠.

많은 국가들이 군인의 숫자를 보통 필요한 수요보다 넉넉하게 징집, 모집합니다. 전쟁을 한다든지 여러 이유로 군인 숫자가 부족하면 어떤 식으로든 추가로 징집, 모집합니다. 그런데 문제는 필요보다 군인이 많을 때입니다. 이 문제를 해결하는 방법은 나라마다 다릅니다. 많은 나라들에서 징집 인원이 필요한 군인 숫자보다 많을 경우 과감하게 잉여 인력에 대해 군면제를 단행합니다. 반면 한국은 주로 대체복무를 시켜 병역 잉여 인력을 해소해왔습니다. 자연계 교원이 부족할 때는 자연계 교사로 병역을 대체하게 했고, 군수산업체 육성을 추진할 때는 방위산업체의 노동자로 일하게 했습니다. 소방서(의무소방대)나 교도소(경비교도대) 혹은 경찰서(의경) 같은 국가기관에서는 전환복무로 다양한 대체복무를 폭넓게 활용해왔습니다.

그러다 보면 공정성이나 형평성 문제가 생기기 마련입니다. 누구는 군대 가고 누구는 면제받는 일이 쌓이면 불만이 생기겠죠. 게다가 군복무와 대체복무, 군복무에서도 각기 다른 차별적인 조건들, 대체복무에서도 서로 다른 복무 형태나 사회적인 부담 때문에 징집 대상이 되는 사람들은 불만이 쌓입니다.

군가산점도 안 주면서 남자만 군대 가라고?:
병역제도와 페미니즘

군입대자들의 불만을 해소하기 위해 정부는 여러 보상 제도를 시행합니다. 대표적인 것이 군가산점제도인데요, 군사원호대상자고용법(1969년 개정본)에서 규정한 업체들의 경우, 채용시험을 치르는 사람들 가운데 군복무를 마친 남성에게 가산점을 부여하는 제도입니다. 국영기업체, 주식의 과반수를 국가나 지방자치단체가 소유한 기업, 그리고 하루 16인 이상을 연평균으로 고용한 기업들이 대상이었습니다. 군가산점제도는 여성이나 장애인 남성 등 군대에 가지 않는 사람들에게 차별로 기능하기 때문에 논란이 되었고, 결국 1999년 헌법재판소의 위헌 결정으로 폐지되었습니다. 사실 이 제도는 여성과 장애인 등에 대한 차별일 뿐만 아니라, 남성들에게도 차별적인 제도입니다. 모든 군복무자들이 공기업에 입사하거나 공무원이 되지는 않으니까요.

한편 군가산점제도의 문제는 채용 시험에서의 차별에 그치지 않습니다. 이를 살펴보기 위해서는 군가산점제가 시작된 이후인 1970년대 박정희 정부의 경제 정책을 함께 봐야 합니다. 박정희 정부는 중화학공업을 국가의 기간산업으로 육성합니다. 한국 주력 산업의 패러다임이 여성 노동자 중심이었던 경공업 제조업에서 남성 노동자 중심인 중화학공업으로 넘어가는 시기가 1970년대입니다. 군가산점제도는 이 시기에 군복무를 마친 남성 '산업전사'들이 산업계의 주력으로 안착하는 데 큰 역할을 합니다. 바깥일을 하는 남성 가부장 이미지는 이 시기에 빠른 속도로 확산되었고 노동시장 또한 급격하게 성별화됩니다.

이제 군복무자들은 군대에 가지 않는 이들을 향해서도 자신의 억울함을 분출했습니다. 불법을 자행하며 병역을 기피한 이들, 재력과 권력으로 병역을 면제받은 이들을 향할 때도 있었지만 소수자들, 특히 여성을 상대로 분출하는 경우도 많았습니다. 대표적인 것이 여성징병제입니다. 한국에서는 주로 남자만 군대 가는 것이 억울하니 여자도 군대 가라고 주장하는 사람들이 여성징병제 도입을 외칩니다. 혹은 인구절벽 시대에 남성만 징집해서는 필요한 병력을 충원하지 못하니 여성도 징병해야 한다는 의견도 있습니다.

반면 외국에서는 군대 내에서 여성의 지위 향상이나 사회 전반의 성평등 차원에서 여성징병제가 논의되기도 합니다. 남아프리카공화국에서는 인종차별 시대에 민주화운동을 탄압하기 위해 부족한 군인을 여성으로 충원했다가, 민주정부가 들어선 뒤 긴 토론 끝에 여성 군인을 그대로 유지하기로 했습니다. 스웨덴에서는 남녀 구성원의 격차가 심한 마지막 영역이 군대였기 때문에 성평등을 실현하는 차원에서 여성징병제가 도입되었습니다.

과연 여성징병제가 실제로 평등을 가져오느냐에 대해서 저는 부정적입니다. 여성 군인의 숫자가 늘어난 것만 보면 겉보기에 기계적인 평등을 실현했다고 볼 수도 있습니다. 하지만 여성 군인들 개개인의 노력에도 불구하고 군대 내에서 여성 군인의 위치는 남성성을 과장해서 증명해야 하는 '명예남성', 혹은 여성성을 과장해서 증명해야 하는 '군대의 꽃'에 국한되었습니다. 여성 군인들이 성폭력에 쉽게 노출되는 측면에서도 군대는 전혀 여성 친화적인 장소가 되지 못했습니다 (가령, "여성징병제는 과연 '평등'을 가져올 수 있을까?", 전쟁없는세상 홈페이지).

군복무자들의 억울함이 여성을 향하는 건 방향을 잘못 잡은 것이지만, 억울함 그 자체는 너무나 당연한 감정이라고 생각합니다. 징병제라는 제도가 징집 대상자 개인의 의사를 고려하지 않는 강제적인 제도인 데다, 한국의 징병제는 다른 나라와 비교했을 때 징병 대상자들이 지나치게 긴 기간을, 지나치게 적은 월급을 받으며 복무하기 때문에 불만을 가질 수밖에 없습니다. 지금은 군복무 기간도 많이 줄어들고 군인들의 임금도 많이 올랐지만, 한국이라는 나라의 경제적, 정치적 위상을 고려한다면 군대는 여전히 후진적입니다.

누구는 군대 가고, 누구는 안 가고: 형평성과 공정성

한편으로 징병제는 한국 사회에서 형평성과 공정성의 잣대로 여겨지기도 합니다. '신성한 국방의 의무'라는 표현은 우리에게 익숙하죠. '모두 예외 없이 군대에 가야 한다' 생각하고, 흔들리면 안 되는 절대적인 가치로 인식되기도 합니다. 요즘은 공정성이 민감한 사회 이슈이기 때문에 공정한 병역제도는 매우 중요한 사회문제입니다. 하지만 징병제의 역사를 살펴보면 이 제도는 공정성이나 형평성에서 태생적인 한계를 지니고 있습니다. 역사적으로 세계 어느 곳에서도 모든 젊은 남성이 군복무를 공평하게 짊어지는 군대는 존재하지 않았습니다.

한국만 하더라도 1970년대 중반 이후로는 병역기피율이 0.01%도 안 되지만, 한국 전쟁 직후인 50년대에는 병역기피율이 30%까지 치솟았고 1960년대에도 박정희의 군사 쿠데타 이후 잠시 줄어들었다가 22%까지 올라갔습니다. 당시 병역기피가 만연하다 보니 군복무자들의 불만은 억울함이 되었습니다. 4·19혁명 이후에는 제대군인들이 단체를 조직해서 자신들의 억울함을 정치적으로 호소하는데, 그 타깃은 입영기피자들과 면제자들이었습니다. 병역기피자이거나 미필인 공무원을 파면하라고 요구하는 식으로요.

그리고 당시에 대학생들은 입영을 연기할 수 있었습니다. 군대에 가더라도 복무 기간이 병역법에 규정된 2년의 절반, 1년만 복무했습니다. 한국 전쟁이 끝난 뒤 70만 명으로 늘어난 군대를 유지하기 위해 병역 자원이 부족했는데 대학생들은 늦게 가고 짧게 군복무를 하는 반면, 다른 이들은 병역법에 규정된 2년보다 더 길게 군복무를 수행하는 경우도 많았습니다. 한국의 징병제는 시작부터 학력차별을 기반으로 작동한 것이죠.

물론 국가의 모든 제도는 국민들을 차별하지 않고 공정하고 형평성 있게 시행되어야 합니다. 징병제도 마찬가지입니다. 하지만 징병제는 태생적으로 공정한 제도가 될 수 없고 차별을 기반으로 합니다. 앞서 말한 것처럼, 필요한 병력과 인구 숫자가 불일치할 수밖에 없기 때문입니다. 대규모 면제든, 대체복무를 통한 잉여 인력의 해소든 그 과정은 필연적으로 형평성에 어긋납니다. 권력과 돈을 이용해 군복무를 면제받는 경우를 개인의 문제로 치더라도, 군복무자들 사이의 어긋난 형평성은 징병제의 태생적인 한계입니다. 예를 들어 공중보건의, 자연계연구요원, 군법무관 등의 병역특례는 분명 일반 현역병들과 다른 처우를 받으며 복무합니다. 이것만 보더라도 평등하고 공정한 군복무가 사실은 환상이라는 것을 알 수 있습니다.

불행 경쟁을 부추기는 사회:
병역거부와 대체복무, 군인권

그렇다고 불평등을 당연하게 받아들이거나, 방치해도 된다는 뜻은 아닙니다. 다만 징병제를 공정성과 형평성의 잣대로 삼는 것은 불가능한 도전이고, 자칫하면 어긋난 형평성에 대한 불만을 국가가 군대 갈 자격을 주지 않는 장애인이나 여성, 이주민 같은 소수자에게 돌릴 수 있으니 조심해야 한다는 뜻입니다. 이런 일들은 실제로 일어납니다. 징병제의 개혁이나 개선보다, 여성징병제를 도입해야 한다는 목소리나 병역거부자에게 가혹한 대체복무를 시켜야 한다는 의견이 더 크게 주목받는 것을 보면 알 수 있습니다.

　병역거부의 경우, 대체복무제를 규정하지 않은 병역법이 헌법 제18조에서 보장하는 개인의 양심의 자유를 침해하기 때문에 헌법에 위반한다는 결정을 헌법재판소에서 내렸습니다. 또한 대체복무제의 내용이 과해 징벌로 기능할 경우 또 다

2018년 6월 28일 헌법재판소가 병역법에 대해 헌법불합치 결정을 내린 날,
헌법재판소 앞에서 열린 기자회견에 참여한 병역거부자 홍정훈.
홍정훈은 2021년 2월 25일 대법원에서 유죄가 확정되어 3월 8일 서울구치소에
구속되었습니다. 병역거부자의 권리와 군인들의 권리가
서로 대립하는 것처럼 말하는 이들이 있습니다. 하지만 병역거부자의 권리를
잘 보호하는 나라가 군인들의 인권도 보호하며, 군인들의 인권을 무시하는 나라가
병역거부의 권리 또한 인정하지 않습니다.

른 기본권 침해 문제를 발생시킬 수 있다는 점을 지적했습니다. 하지만 현실에서 대체복무제 도입 논의는 대체복무제를 얼마나 더 어렵고 힘들게 만들 것인지로 흘러갔습니다. 국방부는 국제 사회의 기준과 인권단체들의 제안이 무색할 정도로 대체복무제를 징벌적인 제도로 설계했는데, 국회에서 법안에 대한 심사를 거치면서 세부적인 면에서 오히려 더 후퇴했습니다. 너무 긴 대체복무 기간이 인권 침해라는 지적에 대해서 국방부와 국회의원들은 군복무자의 박탈감을 고려해 대체복무 기간을 길게 설정했다는 대답을 내놓았습니다. 하지만 실제로 군입대를 앞두고 있는 사람들은 대체복무 기간에 크게 연연하지 않으며 군복무 기간과 동일하더라도 자신은 군복무를 선택할 것이라는 연구 결과도 있습니다(국가인권위, 〈양심적 병역거부 관련 대체복무제 도입방안 실태조사〉, 2018, 45쪽).

물론 병역거부자들에 대해 안보에 무임승차한다는 시선이 존재하는 것도 사실입니다. 다만 안타까운 것은 책임 있는 정치인이나 언론인, 학자, 종교 지도자 들이라면 병역제도의 개선과 병역거부자의 양심의 자유 보장을 함께 이뤄갈 방향을 모색해야 하는데, 오히려 이들이 나서서 불행 경쟁을 부추기고 있다는 사실입니다. 군복무를 개선하려는 노력은 기울이지 않은 채 군복무자들의 박탈감을 내세워 대체복무를 더 힘들고 어렵게 만드는 방식으로요.

　이런 불행 경쟁의 피해는 병역거부자들한테만 가는 게 아닙니다. 군복무자들도 불행 경쟁의 피해를 고스란히 입습니다. 지난 수십 년간 한국 사회는 민주주의와 인권 영역에서 커다란 발전을 일궈냈습니다. 가장 발전이 더딘 곳이 바로 군대입니다. 대표적인 인권 침해인 '얼차려'는 많이 줄어들긴 했지만 사라지지는 않았습니다. 2020년에도 육군의 어느 대대장이 얼차려를 준다고 새벽에 병사 300여 명을 불러내 쓰러질 때까지 달리라고 지시해 보직해임되었죠. 공관병에게 사적이고도 무례한 업무를 시킨 이른바 공관병 갑질 사건, 훈련병에게 인분을 먹인 훈련소 인분 사건, 끊이지 않는 군대 내 성추행 등 조금만 찾아봐도 군대 내 인권 침해 사례들이 너무나 많이 쏟아져 나옵니다.

　군인들의 처우나 인권 상황이 개선되지 않는 이유엔 여러 가지가 있겠지만, 저는 정부가 '신성한 국방의 의무'를 핑계 삼아 병역제도 개선은 하지 않고 그 불만을 사회 구성원들 사이의 불행 경쟁으로 돌리는 것도 큰 문제라고 생각합니다.

우리가 병역제도에 대해 이야기할 때
생각해야 하는 것

병역제도와 만나는 다양한 사회 쟁점들을 간략하게 살펴봤습니다. 병역제도에 대해 제대로 이야기하려면 더 다양한 시선으로 접근해 복잡하고 섬세한 분석을 해야겠죠. 그러기 위해선 현대적인 의미의 군대의 본질에서부터 시작해야 합니다.

전쟁과 군대는 아주 오래전부터 존재해왔지만, 국민국가의 영토와 국민의 생명과 재산을 지키는 시민들로 구성된 군대의 형태는 역사가 아주 길지는 않습니다. 역사적으로는 프랑스혁명 이후라고 볼 수 있습니다. 프랑스혁명 이후 유럽의 절대왕정으로부터 혁명을 지키기 위해 1973년 프랑스 의회에서 선포한 '국민총동원령'을 근대적인 징병제의 시초로 봅니다(김신숙, 《한국의 병역제도》, 86쪽).

왕정을 지키는 군대가 아니라 시민의 권리를 지키는 군대라는 특징 때문에 징병제는 태생적으로 사회 구성원의 시민권과 연관되어 있습니다. 즉 군인이 될 자격과 함께 시민의 권리를 누릴 수 있게 된 것이죠. 물론 지금은 모병제를 시행하는 나라도 많습니다만, 폭력을 합법적으로 독점한 근대국민국가의 군대는 징병제든 모병제든 그 이전의 군대와는 확연하게 구분됩니다. 모병제 국가에서도 이주민들이 군입대를 통해 시민권을 획득하게 하는 것을 보면 군대와 시민권은 여전히 연결되어 있습니다.

하지만 이 시민권은 배타적인 권리이기도 합니다. 시민권을 가질 수 없는 이들과 시민권을 가질 수 있는 이들을 구분하는 권리이기 때문입니다. 즉 징병제든 모병제든 병역제도는 그 사회에서 인정하는 시민, 정상적인 사람의 모습을 규정합니다. 군대가 만드는 시민은 '젊은, 비장애인, 이성애자, 남성'의 이미지를 강화하기 마련입니다.

한국의 징병제는 서구의 징병제가 걸어왔던 역사와는 또 다른 길을 걸어왔습니다. 프랑스혁명과 시민권의 확대라는 역사적 경험으로 징병제가 도입된 유럽과 달리, 한국에서 징병제를 처음 시행한 것은 제국주의 일본이었습니다. 일제의 조선인에 대한 징병은 시민권의 확장이 아니라 "권리 없는 의무"(강인화, 〈한국 징병제와 병역의무의 보편화: 1960~1999〉, 서울대학교, 2019, 40쪽)였습니다. 징병제를 떠올리면 자연스럽게 시민권이 박탈당한 일제 시대의 경험이 떠오르는 한국인들이었으니, 이승만 정부의 징병제에 협조적일 수가 없었습니다. 이후 박정희 시대를 거치면서 한국은 완연한 병영국가로 거듭났습니다. 성별화된 산업 현장에서는 군필자들이 우대를 받고, 기업이나 학교에서도 군대식 문화가 익숙한 군사주의 사회가 되었습니다.

세상은 또 변했습니다. 나이 지긋하신 분들이 옛날 군대를 추억하며 여러 말씀을 하시지만, 지금에 와서는 의미 없는 경우가 많습니다. 전쟁의 양상이 변하고 군대의 역할이 변하고 군인의 의미가 변해버렸습니다. 제1차 세계대전 때만 해도 전쟁은 보병이 총을 들고 참호에서 싸우는 것이었고 군인의 숫자가 정말 중요했습니다. 하지만 이제는 멀리서 미사일을 쏘고, 드론이 군사작전을 펼치는 시대입니다. 재래식 무기나 대량살상무기가 아닌 안보 위협 수단도 많고, 적국이 아니라 전염병이나 자연재해가 국민의 안보를 위협하는 세상입니다. 그러다 보니 군대의 의미나 위상, 역할이 과거와 다를 수밖에 없습니다. 물론 사람들의 인식 변화는 전쟁과 군대의 변화와 일치하지 않기도 합니다. 그렇기 때문에 우리는 군대, 특히 병역제도에 대해 이야기할 때 이 모든 층위를 다 살펴야 합니다. 단순히 군사력의 크기로 비교하는 국가 안보 차원에서만 병역제도를 이야기할 수 없습니다. 요즘 한국 사회에서는 한국 군대가 징병제를 유지해야 하는지, 모병제로 전환해야 하는지에 대한 논의가 뜨겁습니다. 하지만 논의가 군사 안보 중심으로 진행된다는 면에서 이 논의는 반쪽도 못 됩니다.

　병역제도에 대한 논의는 궁극적으로는 과연 안보는 무엇이고, 국가는 안보를 위해 어떤 역할을 해야 하는지를 포괄해야 합니다. 가장 중요하게는 징병제의 부담을 줄여가는 방향으로, 군사비를 축소하는 방향으로 이행해야 한다고 생각합니다. 그것이 국가 행정의 부담도 줄이고, 군복무자들이 느끼는 부담을 줄여 형평성도 맞추는 길이라고 생각합니다. 또한 한반도에서 군사적 긴장과 갈등을 줄이고 평화적인 수단에 의한 지속가능한 평화를 구축하는 방향성과도 일치하는 길이라고 생각합니다.

● 추천 자료

단행본

- 고경태, 《1968년 2월 12일-베트남 퐁니·퐁넛 학살 그리고 세계》, 한겨레출판, 2015
- 권윤덕, 《꽃 할머니》, 사계절, 2010
- 권인숙, 《대한민국은 군대다》, 청년사, 2005
- 권정생 글, 김환영 그림, 《빼떼기》, 창비, 2017
- 김신숙, 《한국의 병역제도》, 메디치미디어, 2020
- 김재명 글, 문신기 그림, 《군대 없는 나라 전쟁 없는 세상-전쟁은 왜 일어날까? 누가 전쟁을 일으키고 있을까?》, 나무야, 2019
- 데즈카 오사무 원작, 우라사와 나오키 만화, 《플루토》 1~8, 서울미디어코믹스, 2006
- 문승숙, 이현정 옮김, 《군사주의에 갇힌 근대-국민 만들기, 시민 되기, 그리고 성의 정치》, 또하나의문화, 2007
- 박기범 글, 김종숙 그림, 《그 꿈들》, 낮은산, 2014
- 박노자, 《당신을 위한 국가는 없다》, 한겨레, 2012
- 베티 리어든, 황미요조 옮김, 정희진 기획, 《성차별주의는 전쟁을 불러온다》,

나무연필, 2020

- 서경식, 이목 옮김,《사라지지 않는 사람들-20세기를 온몸으로 살아간 49인의 초상》, 돌베개, 2007
- 서보혁·정주진,《평화운동-이론·역사·영역》, 진인진, 2018
- 손희정 외, 연세대학교 젠더연구소 엮음,《그런 남자는 없다-혐오사회에서 한국 남성성 질문하기》, 오월의봄, 2017
- 스베틀라나 알렉시예비치, 박은정 옮김,《전쟁은 여자의 얼굴을 하지 않았다》, 문학동네, 2015
- 신시아 인로, 김엘리·오미영 옮김,《군사주의는 어떻게 패션이 되었을까》, 바다출판사, 2015
- 신영복,《강의-나의 동양고전 독법》, 돌베개, 2004
- 심아정 외,《난민, 난민화되는 삶》, 갈무리, 2020
- 앤드루 파인스타인, 조아영·이세현 옮김,《어둠의 세계-무기산업을 둘러싼 부패의 내막과 전쟁 기획자들》, 오월의봄, 2021
- 에리카 체노웨스·마리아 J. 스티븐, 강미경 옮김,《비폭력 시민운동은 왜 성공을 거두나?》, 두레, 2019
- 에이프릴 카터, 조효제 옮김,《직접행동》, 교양인, 2007
- 오드리 로드, 주해연·박미선 옮김,《시스터 아웃사이더》, 후마니타스, 2018
- 이동기,《현대사 몽타주》, 돌베개, 2018
- 자크 파월, 박영록 옮김,《자본은 전쟁을 원한다》, 오월의봄, 2019
- 자크 파월, 윤태준 옮김,《좋은 전쟁이라는 신화》, 오월의봄, 2017
- 전세현,《평화교육, 새롭게 만나기》, 피스모모, 2019
- 정희진 외, 전쟁없는세상 엮음,《저항하는 평화》, 오월의봄, 2015
- 정희진,《정희진처럼 읽기》, 교양인, 2014
- 조지 오웰, 정영목 옮김,《카탈로니아 찬가》, 민음사, 2001
- 켄 실버스타인, 정인환 옮김,《전쟁을 팝니다》, 이후, 2007

- 프리모 레비, 이현경 옮김,《이것이 인간인가》, 돌베개, 2007
- 피터 W. 싱어, 유강은 옮김,《전쟁 대행 주식회사》, 지식의풍경, 2005
- 하승우,《군대가 없으면 나라가 망할까?》, 뜨인돌, 2008
- 하워드 진, 유강은 옮김,《미국민중사1, 2》, 이후, 2008

논문 및 자료집

- 강인화, 〈한국 징병제와 병역의무의 보편화: 1960~1999〉, 서울대학교 대학원 사회학과, 2019
- 백승덕·박현민·양여옥·이용석, 〈양심적 병역거부 관련 대체복무제 도입방안 실태조사〉, 국가인권위, 2018
- 이용석, 〈세상을 바꾸는 비폭력의 힘-평화운동이 궁금한 시민들을 위한 안내서〉, 서울시NPO지원센터, 2019

홈페이지

- 스톡홀름국제평화연구소(SIPRI) 홈페이지 www.sipri.org
- 전쟁없는세상 홈페이지 withoutwar.org
- 참여연대 홈페이지 www.peoplepower21.org
- 피스모모 홈페이지 peacemomo.org

영화

- 배종, 〈웰컴 투 동막골〉, 2005
- 아담 맥케이, 〈바이스〉, 2018
- 윤종빈, 〈공작〉, 2018
- 켄 로치, 〈랜드 앤 프리덤〉, 1995
- 클린트 이스트우드, 〈아버지의 깃발〉, 2006
- 클린트 이스트우드, 〈이오지마에서 온 편지〉, 2006